JN214845

〝困った状況〟を解決する30の指導法

コーチング　こんなときどうする？

スポーツメンタルトレーナー
高畑好秀　著

体育とスポーツ出版社

はじめに

私が最近感じている〝いまどきの選手〟の特徴を、思いつくままに上げると、次のようになります。

・ちょっと嫌なことがあるとすぐに退部してしまう。
・へんに自信過剰なところがあるが、指導者が怒るとすぐに落ち込んでしまう。
・考え方に柔軟性がない。
・自分の長所より短所が気になってしまう。
・言われないと何もできないし、言われたことしかできない。
・自分のできる範囲のことをやって満足している。
・気分屋が多く、自分の感情をコントロールするのが下手だ。

現在スポーツの現場で若い選手を教えている指導者であれば、少なくとも2、3個は、思い当たるものがあるのではないでしょうか。

とくにベテラン指導者のなかには、「いまどきの選手は何を考えているのかわからない。正直いってお手上げだ」と感じている方がいるかもしれません。

私もその気持ちはよくわかります。でも、あきらめたり、投げやりになってしまったら、すべてがそこで終わりです。それでは頑張ってきた自分自身が浮かばれませんし、選手たちにとっても不幸です。

ただ一ついえること、それは右に示した特徴には、それなりの理由があるということです。彼らが育った環境は、指導者のそれと大きく異なっているはずですし、周りにいる大人たちの考え方や接し方も、時代とともに変化しているでしょう。

そういった外的要因があって、現在の彼らがいるということをつねに意識しておく必要があるのです。

本書は、いまどきの選手を前にして、指導者が戸惑ってしまいそうな場面を30シーン取り上げ、「なぜそうなるのか」を私なりに分析しています。そして、それを踏まえて、「では、どうしたらいいか」を【打開策はこれだ！】として提案しています。

これらのうちのいくつかが、充実した〝部活〟を続けていくために役立つことを願っています。

コーチング こんなときどうする？

Contents

第2章　チームを上手にマネージメントする方法とは？

第3章 選手も指導者もやる気が出る環境をつくるには？

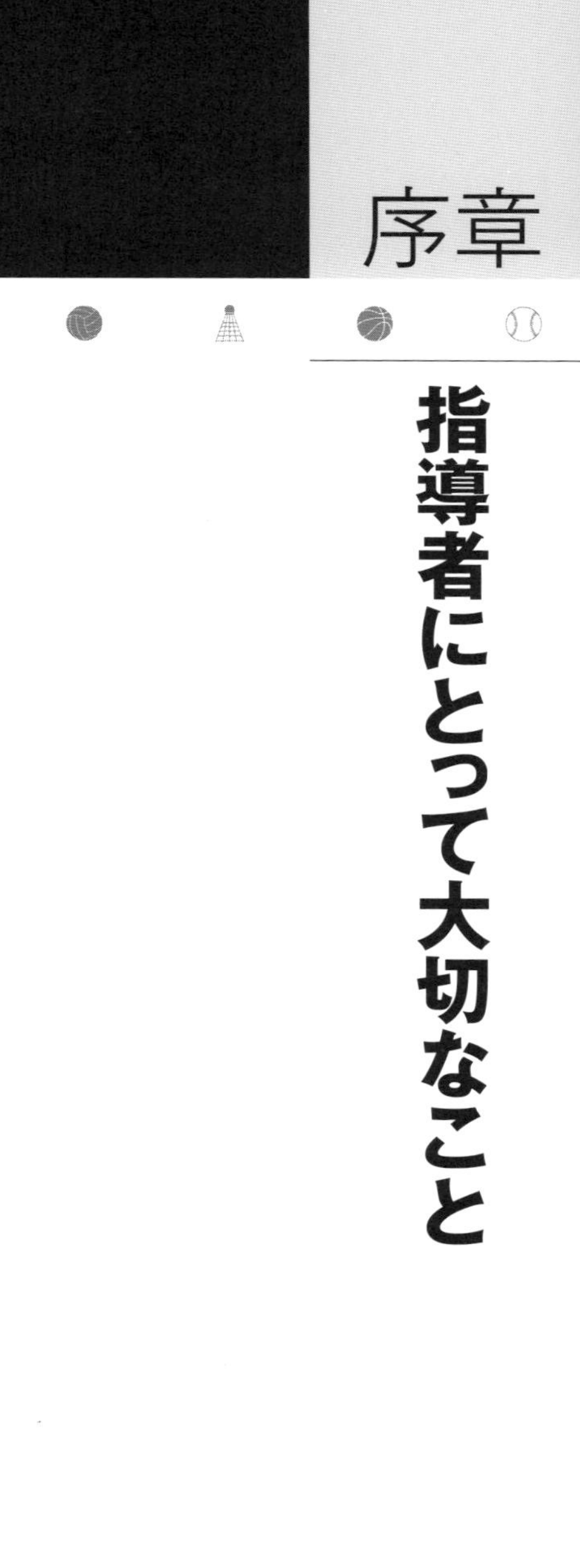

序章

指導者にとって大切なこと

すぐに答えを求めずに、まずは熟考してみる

人は困った出来事に遭遇したとき、なんとかその場面から逃れたいと思うものです。もちろん、難局に当たってもそれを正面から受け止め、前向きに立ち向かうことのできる人もいるでしょう。

しかし、人は思いのほか弱い存在で、ピンチになると人を頼ったり、何かにすがりたくなってしまいます。

そういった意味では、指導者といえども人の子ですから、選手への指導方法に悩んだときは、すぐに解決策を求めてしまいがちになります。

とはいえ、答えはそんなに簡単に見つかるものでしょうか。そして、その答えははたして正しいものなのでしょうか。

たとえば、風邪をひいて熱が出たため病院へ行ったとします。すると医師は判で押したようにアスピリンなどを処方しますが、この薬はあくまで熱を冷ますものであって、風邪を治すためのものではありません。

現代の西洋医学は、まさしく「木を見て森を見ず」の故事さながら、熱が出たら「解熱する」、喉が痛ければ「炎症を鎮める」といったように、それぞれの症

状に対処するだけで、「なぜ風邪をひいたのか」という一番重要なことには無関心を装います。

これと同様、選手を指導する際も、眼前の症状に対して画一的に対処するのは危険な行為と言わざるを得ません。

なぜなら、ある選手が元気を失っているとき、励ますだけが正解ではなく、理由によっては「そっとしておく」という対処法も考えられるからです。

このように、指導者はすぐに解決策を求めるのではなく、選手の状態をつぶさに観察し、まずは熟考するところから始めたいものです。

そして、観察した結果を冷静に分析した上で、さまざまな角度から対処法・解決法を練るようにしましょう。

ここで重要なのが、他人や何かに頼るのではなく、あくまで自分の頭を使うということ。なぜなら、最近の指導者はあまり物事を考えない傾向があるからです。

その原因の一つに、いまの世の中では、やたらと「コストパフォーマンス」といった言葉が幅をきかせるようになり、「お金を払うのだから、それに見合うものをよこせ」という風潮に歯止めがきかなくなっていることがあげられます。

つまり、「自分の頭で考える」などという難儀なことはせずに、安易に利益を求めて、他人に頼るという楽な道を選ぶようになってしまったのです。

子供たちも、こうした傾向に引きずられるようになり、「それを覚えれば、偏差値の高い学校に行けるの？」と、勉強することにもなんらかの見返りを求めるようになってしまいました。

こうした子供たちに、考えること、そして学ぶことの尊さを説くためにも、指導者自らが模範となり、ふだんから自分の頭で考える習慣を身につける必要があるのです。

本書は1項目を４ページで解き明かすように構成されており、最終ページには「打開策」も掲載していますが、じつは重要なのは、2、3ページ目だと自負しています。

なぜなら、この両ページでは、物事をどのように捉えたらいいか、その考え方を多面的に紹介しているからです。もちろん、私の考え方が正解だということではなく、「こうした考え方もあるんだ」ということを自分が解決法を考えるためのヒントにしてもらいたいと思います。

柔軟な思考がフレキシブルな対応を可能にする

さて、ここでちょっと頭の体操をすることにしましょう。これから紹介する場面で、読者のみなさんは、自分ならどう対処するかを考えながら読んでみてください。

最初のシーンは、前々から計画を立てて少し長めの休暇を取り、常夏のハワイで海を満喫しようと思っていたところ、現地に着いてみると連日の雨。さて、こんなときどうしますか。

多くの人はがっくりと肩を落とし、どこへも持っていきようのない怒りを持て余すことでしょう。しかし、せっかくバカンスに来ているのに、怒ってストレスをためてしまっては元も子もありません。

「ハワイには泳ぎに来たけれども、海以外にも楽しめるスポットはいろいろあるよね」

と、発想を転換することができれば、情報を集めてほかの楽しみを見つけられるはずです。

そもそも海に入るのは単なる手段であり、本来は「楽しむことが目的」だったはずですから、手段を変更すればいいわけです。

次のシーンは、授業中に寝ている生徒を見つけたときの先生の対処法についてです。

まだ経験が浅く年の若い血気盛んな先生なら、きっと生徒に怒りを覚えることでしょう。とはいえ、ここで感情をむき出しにして生徒を怒っても埒が明かないどころか両者にとってマイナスです。

少し経験を積んでくれば、「怒る」のではなく「叱る」ことができるようになるでしょう。ただ、この「叱る」のも、感情に任せて怒るよりはましですが、まだ相手を責め立てるイメージが残っています。

では、ベテランの先生だったらどうでしょう。おそらく、自分なりの方法を用いて「諭す」（＝生徒にも理解できるように説明し、納得させる）ことができるはずです。

この「怒る」「叱る」「諭す」といった行為は、3つとも寝ている生徒を見つけたときの対処法ですが、いずれも生徒が寝ているのは良くない行為だということを前提にしています。

じつは、考えていただきたいのはまさにこの部分で、「生徒はなぜ居眠りしているのか、何かそれなりの理由があるのではないか」というところに思いを致してほしいのです。

すると、「疲れている」とか、「いま受けている授業科目がもともと好きではない」といった理由のほかに、「自分の授業が面白くないからだ」という可能性のあることに気がつくはずです。

この「気づき」があればしめたもので、自分の授業を客観的に見つめ、どうすれば生徒が眠らなくなる授業にできるのか、その内容を考え直すことができます。

指導者がいろいろな意味で尊い存在であることはたしかですが、いつも選手を見おろし、上から下へとトップダウンで命令ばかりしていると、決して成長することはできません。

より良い指導者となるには、強い覚悟が必要となる

プロ、アマを問わず、日本のスポーツ界を見渡してみると、組織のトップに立つ人や監督・コーチなどの人選の仕方に疑問を抱くことがあります。

とくにプロ野球がその最たるもので、現役時代のスタープレーヤーは、ほとんど無条件で監督の座に就いている感があります。

それに比べてサッカー界は、国際サッカー連盟に倣って日本サッカー協会が「JFA公認指導者ライセンス」を設けているため、過去のスタープレーヤーでも簡単に指導者になれるわけではありません。

プロ選手を指導できる指導者になるには、「C級コーチ」から始め、「B級コーチ」、「A級コーチジェネラル」へと昇格を果たしながら、「S級コーチ」のライ

センスを取得して、ようやくプロの表舞台に立てるのです。

ちなみに、日本サッカー協会をはじめ、日本ラグビーフットボール協会や日本バスケットボール協会、全日本野球協会といった団体では、指導者のためのさまざまな講習会を開催しているので、機会がありましたら参加されることをおすすめします。

もちろん、中高校生を対象にした学校スポーツの指導者がプロの資格を取る必要はありませんが、指導者になるには、それに見合う訓練が必要になることは覚えておいてもらいたいものです。

そして、より良い指導者として成長するためには、「自分自身で学んでいくんだ」という強い覚悟が必要となるのです。

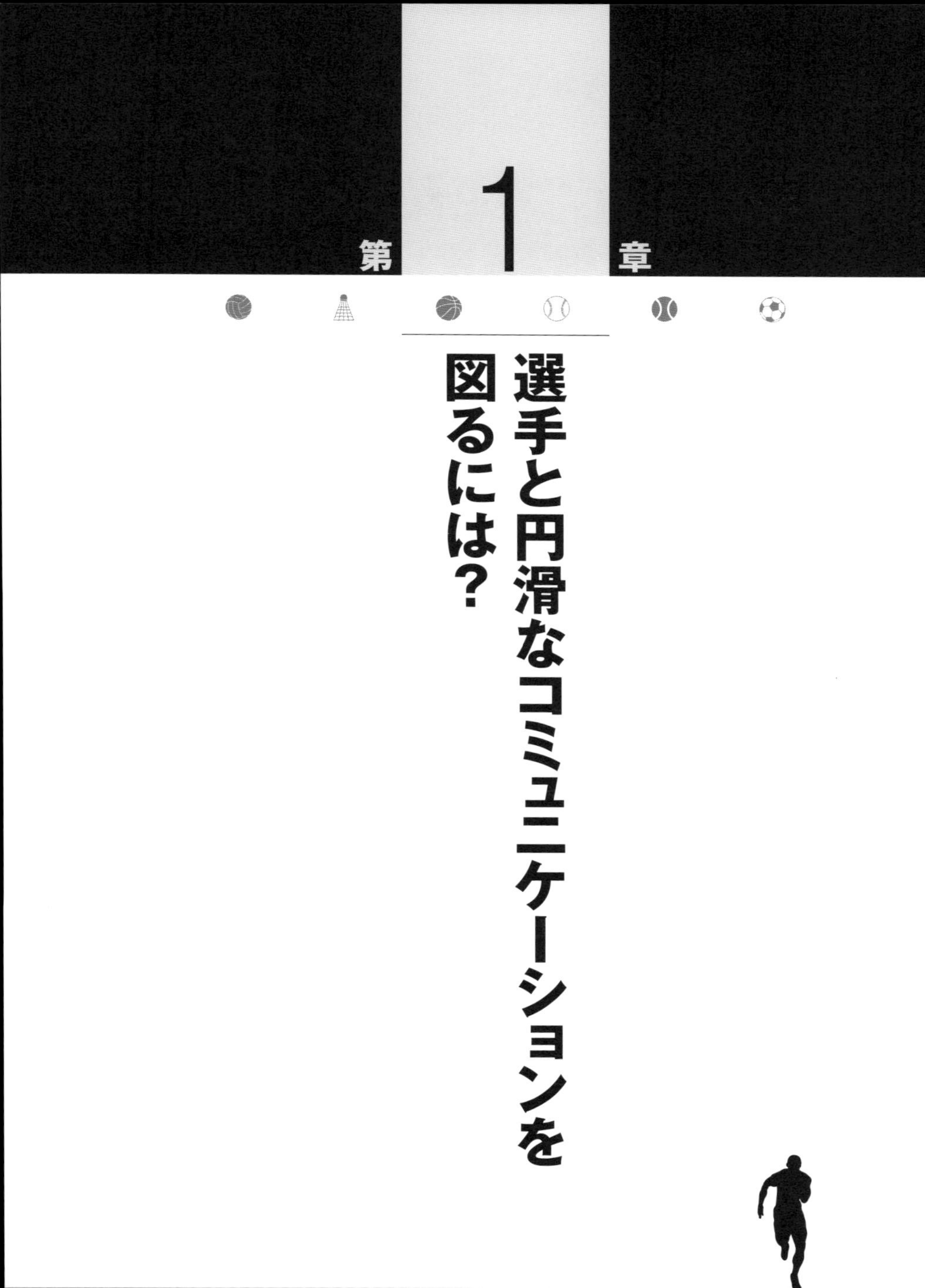

第1章

選手と円滑なコミュニケーションを図るには？

こんなときどうする？ Situation 01

ちょっと叱っただけなのに すぐに落ち込む選手 が多くて戸惑う……

>>> こんな状況

気づいたことを注意しただけなのに落ち込んだり、ふてくされたりする選手が増えている。チームの雰囲気を悪くするので、なんとかしたいのだが……

なぜ叱られたのかがわからないとせっかく指導しても役に立たない

指導者がちょっと叱っただけで、すぐに落ち込んでしまう選手がいます。なかには、落ち込むだけでなく、ふてくされたような態度をとる選手もいるので、指導者にとっては扱いにくい存在といえます。

こうした選手の特徴は、「なぜ自分が叱られたのか」という状況分析ができないことにあります。その結果、「叱られた」という事実のみをそのまま受け止めてしまい、まるで被害者になったかのように落ち込んでしまうのです。

自分が叱られた理由を理解できないということは、たとえ指導者がどんなに的確な指導をしたとしても、その選手に有効に機能することはないでしょう。これでは、指導者と選手の両方が救われません。

このように、他人から指摘されたことを客観的に受け止め、自分のなかで上手に消化することができない選手は、自分が落ち込んだりふてくされたりしてしまうことが、チームの雰囲気に悪影響を与えるということに考えを及ぼすことができません。こんな選手が増えると、適切なチーム運営ができなくなるのは火を見るよりも明らかです。

指導者は、すぐに落ち込んでしまう選手と対峙（たいじ）したなら、なぜ自分が叱られたのかを理解させるだけでなく、自分勝手な振る舞いがチームにとってマイナスになる、ということも指導する必要があるのです。

欠点ばかり指摘するのをやめて少しでも自信をつけさせる

　そもそも指導者からちょっと叱られただけで落ち込んでしまうのは、その選手が自分に自信を持つことができないからです。自分に自信があれば、指導者から何を言われても、動揺することなく対応できるものです。

　ですから、指導者の役割は、選手に自信をつけさせてあげることにあります。ところが、「すぐ落ち込むのは選手の性格のせいだ」とか「自信を持てないのは選手自身の問題だ」と突き放してしまう指導者が多いのです。

　そこで、まずは「なぜ選手が自信を持つことができないのか」を考察してみることにしましょう。

　考えられる理由の最たるものは、指導者がいつも選手の欠点ばかりを指摘しているケースです。指導者としては、早く選手を上達させたいという親心なのでしょうが、そのことが選手に自信を持てなくさせているのです。

　また、指導者が選手に求める基準が高いため、本当は少しずつ上達しているのにもかかわらず、自分が求める基準に達していないために、「まだまだ」とダメ出ししている場合もあるでしょう。

　人は非常に弱い存在で、他人からいつも叱られていると、自信など持てないものなのです。その反対に、他人から評価されると、案外簡単に自信を持つことができる、ということを覚えておいてください。

打開策はこれだ!

選手の良いところを見つけて その伸ばし方をアドバイスする

指導者が選手に自信を持たせるためには、まずは選手の長所を見つけることから始めましょう。そして、選手の特徴を把握したなら、それを選手に伝えてあげるのです。

「キミはこんなタイプの選手だから、ここを伸ばせばいいよ」とアドバイスすれば、単に欠点を指摘するのと比べ、選手の受け止め方も違ってくるはずです。

じつは、選手の長所やその人ならではの持ち味は、自分ではなかなか把握できないものです。指導者が一緒になって見つけてあげることで、選手は指導者に信頼を寄せるようになってきます。

指導者は、やみくもに選手を叱るのではなく、まずは「キミはいい選手になれるぞ」とほめることを習慣づけましょう。その上で「こうすればもっと上達するぞ」と指導すれば、その教えは選手に響くはずです。

マイナス点を指摘するのではなく、選手がポジティブになる〝足し算的指導法〟をぜひ身につけるよう心がけてください。

自分の感情を上手にコントロールできない選手が増えている……

こんな状況

気になる点を注意すると、ふてくされてしまったり、口答えするなど、感情を制御することができない選手が増えて困っているのだが……

子ども時代に感情を抑える訓練ができていないことを把握しておく

なるべく人と争うことを避けるような引っ込み思案の選手がいる一方で、自分の感情を上手に抑えられない選手も増えてきています。

そのような選手は、指導者から注意を受けたとき、その内容が気に入らなければちょっとふてくされた態度をとったり、極端なケースでは、指導者に対して「ムカつく」とか「キレる」といった言葉を口にして、怒りを露わにすることもあるようです。

こうした態度をとってしまうのは、小さいころに自分の感情をコントロールする訓練が足りなかったからかもしれません。事実、小1プロブレム（小学1年生の子どもたちの、不適切な行動を改善することが困難であることから生じる、学級集団の危機的状態※）が問題となっています。

みなさんもテレビのニュースで、授業中におとなしく席に座って先生の話を聞くことができず、急に立ち上がったり、教室を歩き回ったりする児童たちの姿を目にしたことがあると思いますが、その原因はハッキリとは解明されていないようです。

もちろん、自分の感情をコントロールできない選手たち全員が、「小1プロブレム」の児童だったわけではないでしょうが、指導者は、こうした現状があることを把握しておく必要があります。

※『小1プロブレム・予防&改善プログラム』橋本創一ほか編著、ラピュータ、2011年

選手たちの語彙（ごい）を増やす工夫をし、感情を抑える方法を伝授する

自分の感情を上手にコントロールすることができないそのほかの原因として、最近の青少年たちの語彙の少なさがあげられます。

たとえば、負の感情を表す言葉は数多くありますが、語彙の乏しい選手は、「ムカつく」とか「キレる」という言葉しか持ち合わせていないのです。そして、これらの短絡的な言葉と負の感情が結びつくと、怒りを爆発させてしまうことになるわけです。

こうしたキレやすい選手たちの指導については、「すぐにできる対処法」を日ごろから伝授しておくようにしましょう。

そのもっとも簡単な方法は、その場で「イーチ、ニー、サン……」と6まで数えることです。じつは、人間の怒りの感情は、6秒以上は続かないため、数を数えている間に落ち着きを取り戻すことができるのです。

このほか、怒りの感情がわき上がったら、深呼吸を繰り返すのもいいでしょう。また、「落ち着け」「大丈夫だ」といった短いフレーズをつぶやくことも効果的です。

さらに、究極的な対処法は、その場から離れてしまうことです。相対する人がいなければ、たとえ怒りを抑えきれなかったとしても、他人を傷つけることはありません。

練習ノートを活用するほか選手全員で心を整える

選手たちの語彙を増やすには、練習ノートを活用して、その語感を鍛えてあげるといいでしょう。

たとえば、選手が練習中に「ムカつく」という言葉を使ったら、「なぜムカついたのか」ということを、具体的に書くように指導します。

すると選手は、自分の感情をより正確に表現するために、「ショックだった」「困った」「残念」「悔しい」といった、シチュエーションに適した言葉を使用できるようになってきます。

こうしたボキャブラリーが増えてくれば、自分の感情を客観的に見つめることができるようになり、気に入らないことがあっても、すぐに怒りを爆発させることは減少してくるはずです。

このほか、チーム全体で取り組める心を静めるためのエクササイズを取り入れるといいでしょう。たとえば、練習の終わりに全員でクールダウンを兼ねて散歩したり、座禅やヨガなどに取り組むのも効果的な方法です。

こんなときどうする？

Situation 03

自主的に「オレがチームを引っ張っていく」という選手が出てこない……

こんな状況

遠慮をしているのか、責任を負いたくないのかわからないが、「自分が中心になってチームをつくるぞ」という意欲のある選手が見当たらないのだが……

チームリーダーが出てこないと本当のまとまりは生まれない

学校の部活動では、3年生が引退すると、チームは必然的に世代交代を迫られることになります。このとき、新しいチームを引っ張っていく選手がすんなりと出てくれれば問題ないのですが、そうでない場合は、チームが円滑に機能しなくなってしまいます。

チームリーダーがいないと、選手同士がお互いに気をつかって遠慮がちになったり、その反対に、選手一人ひとりが勝手な行動をとるようになったりします。これではチームはまとまらず、活気は生まれてきません。

もちろん、指導者が新キャプテンを任命するなどして、新しいチームリーダーをつくり出す方法はありますが、選手たちの自主性を期待するなら、チームを引っ張ってくれる選手が出現するのを待ちたいものです。

ところが、日本人は大勢のなかで目立つことを避けるメンタリティーがあり、極端に人と違った行動をすると、「出る杭は打たれる」ということわざのとおり、バッシングを受ける傾向にあります。

こうした風潮は、たとえば日本のサッカー界で、バランス感覚に優れたミッドフィルダーの選手は多く輩出するのに比べ、いい意味で「自己中心的」なストライカーが育たないということに反映されているのかもしれません。

では、選手たちに自主性を持たせるには、どんな方法があるのでしょうか。

自由に意見が言える環境をつくり 発言することを習慣化する

選手たちに自主性を持たせるには、まず指導者の意識改革が求められます。まずは、トップダウンの指導法をボトムアップに切り替える必要があるのですが、これを実現させるのは並大抵なことではありません。

そこで、まずは選手全員が忌憚（きたん）なく意見を言える環境づくりから始めることをおすすめします。その第一歩として、指導者は、選手に対して、「イエスかノー」で答えられるような質問をしないように心がけてみましょう。

選手を指導しているとき、「わかったか?」と聞けば、選手は「はい!」としか答えようがありません。ところが、「どう思う?」と問えば、選手は何か発言せざるを得なくなります。

もし、「どう思う?」と聞いて選手が「いいと思います」と返答したなら、「具体的に、どこがいいの?」と、さらに質問を重ねていき、問題をどんどん掘り下げていくようにしましょう。すると、選手自身も、自分の考えを口にすることに慣れてきて、いずれ自分の意見を言えるようになってくるはずです。

このように、「わかったか?」「はい!」といったやり取りで会話が終わるような関係から脱皮できる工夫をし、まずは選手に発言することを習慣づけるようにしていきましょう。

選手に練習メニューを考えさせて徐々に自主性をアップする

選手が発言できるようになったら、自主性を高めるための第二段階として、練習メニューの企画書を提出させるようにしてみましょう。

練習メニューを企画するには、チームの状態を把握したり、それぞれの練習目的を理解するといった、さまざまな条件を考慮に入れて考える必要があるため、なかなか一筋縄でいく作業ではありません。ですから、最初のうちは3人程度のグループを組んで考えさせるのがいいでしょう。

選手が苦労して考えた練習メニューで練習するのと、コーチから指示された練習をこなしていくのを比較すると、実力のつき方は雲泥（うんでい）の差となって現れてきます。この練習メニューを考える訓練を週ごとに選手を交替してやらせていくと、選手たちの得手不得手が明らかになってきます。

すると、徐々にチームを引っ張っていく選手が現れてきたり、選手たちから「あいつをキャプテンしよう」といった機運が盛り上がってくるようになるのです。

同じことを何度注意しても、改善できない選手がいるのだが……

こんな状況

同じことを何度も繰り返して注意しているのだが、いっこうに身につかない選手がいる。大きなミスにつながることがあるので改めさせたいのだが……

重要なことを見逃しているため同じミスを繰り返してしまう

何度注意されても同じミスを繰り返してしまうのには、二つの理由が考えられます。

一つは技術的な問題で、苦手なプレーを克服するのに必要な技術が身についていないためです。この場合は、技術が向上するまで根気よく指導するしか方法はありません。

もう一つはメンタル的な問題で、選手が注意を受けたプレーで、実際に「痛手を被(こうむ)っていない」場合は、なかなか改善されることがありません。もし本人が痛みを感じているなら、そのミスは減っていくはずです。

指導者が、選手の同じ過ちを何度も指摘するのは、それがいつか大きな問題につながることを知っているからにほかなりません。

たとえば、サッカーやバスケットボールでは、よく「攻守の切り替えを迅速にしろ」ということがいわれますが、このプレーをおざなりにしてしまうと、簡単に失点してしまったり、得点を逃してしまうことになります。

ところが、この「攻守の切り替えを迅速にする」ということを、実際の試合に比べて緊張感の劣る練習において選手に実践させるには、困難が伴います。なぜなら、経験の浅い選手にとっては、このプレーの重要性が理解できないからです。

マイナスの状況を想像させ
プレーの重要性を理解させる

選手があるプレーの重要性を理解できない場合は、その選手にマイナスの状況をイメージさせる、という方法があります。

たとえば、「さっきは、たまたま事なきを得たが、じつは、こんな大きな問題をはらんでいる」と伝えるのです。この方法を繰り返していけば、選手は自分では気づくことができなかった問題点を実感できるようになります。

福岡ソフトバンクホークスの工藤公康監督が現役のピッチャーだったとき、当時のキャッチャーだった城島健司選手から、ある試合の場面で、投げてはいけないボールを要求されたことがありました。

ところが、工藤投手は、打たれるのを覚悟でサインどおりに投球し、実際にバッターにヒットされたあと、「なぜ、あのボールを投げてはいけないのか」を説明して城島捕手の気づきを促した、という逸話（いつわ）が残っています。

さて、ここで重要になるのが、選手にマイナスのイメージを抱かせたあとは、その反対に、プラスのことをイメージさせるようにするということです。

指導者が指摘した問題をクリアした結果、「試合の流れが好転したり」「将来、よりよいプレーヤーになっている」場面を想像させるのです。

指導者が、自分の指示がなぜ重要なのかを説明してあげないと、選手は「事の重大性」に気がつかないものなのです。

練習前に自分の課題を宣言させ選手のやる気を喚起する

同じことを何度注意しても身につかない選手を改善させるには、練習前に、「自分は今日、○○に気をつけながらプレーします」と、発言をさせるのも有効な方法です。

なぜなら、いつも指導者から注意されている事柄に対し、選手は「慣れっこ」になってしまい、感覚的に麻痺してしまっているからです。

ですから、自分のやるべきことを発言させることによって、再認識させるわけです。

「言霊(ことだま)」という言葉があるように、日本では言葉に霊的な力が宿ると信じられていますが、自分の口に出すことで、自分の抱えている問題が顕在化しやすくなるのです。

加えて、チームメイトの前で、自分のやるべきことを宣言するわけですから、いわば「有言実行」せざるを得ない状況に立たされます。

文字どおり「背水の陣」で自分の欠点と立ち向かえば、自ずと道は開かれるものなのです。

伸び悩んでいる選手の背中を押しているが、手応えが感じられない……

こんな状況

指導者である自分が目をかけているのに、いっこうに進歩する様子が見えない。もっと日々精進して成長を遂げてもらいたいのだが……

選手の適性を見極めずに自分本位の指導法を押しつけない

当たり前のことですが、選手の特徴は千差万別です。たとえば、新入生が入部してきたとき、一目見ただけでレギュラー級の力を備えていたり、鍛えればモノになると思われる選手がいる一方で、スポーツに向いていないと思える選手もいることでしょう。

中高校生の子供たちは、無限の可能性を秘めているもので、なかには予想外の成長を見せることもあり、極端な例では、大学生や社会人、プロになってから花開く遅咲きの選手もいるくらいです。

ですから、指導者は眼前の選手の「現在の実力」だけですべてを判断せずに、「伸びしろ」があることを念頭に置いて育てるべきです。

ところが、指導者の習性として、実力の劣る選手はすぐにでも成長させたいと思うあまり、自分の選手時代の成功体験に基づく指導法を選手に押しつけてしまいがちになります。

「名選手名監督にあらず」という格言があるように、優れた選手だった指導者に限って、選手を自分の型にはめようとする傾向が強いようです。

選手を指導するとき、よく「ほめたほうがいい選手と叱ったほうがいい選手がいる」と指摘されますが、選手それぞれに適した育て方を見極め、指導していきたいものです。

選手が思ったより伸びないときは観察期間を設けるようにする

人が生きていく上で大切なのは、成功するから努力するのではなく、成功するかどうかわからないけれど努力することです。

スポーツの指導もまったく同様で、選手の成長が約束されているから指導するのではなく、ときには成長するかどうかわからないなかで、指導を続けていくことが尊いのです。

ですから、ある選手を育てようと思い、レギュラーを与えたのに成果が見えなかったとしても、決してさじを投げないでください。「この選手は伸びる」と感じても、そうならないこともあると鷹揚（おうよう）に受け止めたいものです。

東北楽天ゴールデンイーグルスの梨田昌孝監督は、大阪近鉄バファローズ監督時代の2001年、当時無名だった北川博敏選手を1軍に抜擢。4月、5月は結果が出なかったものの「2軍には落とさない」と本人に伝え、使い続けることで北川選手は成長し、この年9月26日の対オリックス・ブルーウェーブ戦で、日本プロ野球史上初となる「代打逆転サヨナラ満塁優勝決定ホームラン」を放ちました。

プロの厳しい世界と一概には比較できないかもしれませんが、このように、選手がすぐに自分のイメージどおりにならなかったとしても、あえて〝様子見〟の期間を設け、あたたかく見守ることも必要となります。

打開策はこれだ！

選手をサポートするときは指示しすぎないように配慮する

選手を成長させるには、上手にサポートしてあげることが重要になります。ただし、このサポートは1から10まで細かく指導するのではなく、成功するための道筋を示し、そこに至るまでの大まかな流れを教えてあげればいいのです。

なぜなら、あまりにも細かく「ああしろ、こうしろ」と指示してしまうと、成功へ到達するルートの道幅がどんどんと狭いものとなり、選手が指導者の指示どおりにできないと、すぐに道から外れてしまうことになるからです。

また、前述した指導者の成功体験に基づくルートについても同様で、そのルートは指導者本人には適していたかもしれませんが、選手全員に当てはまるとは限りません。

ですから、選手に道筋を示すときは、なるべく幅を持たせるようしたいものです。すると選手は自分の裁量で行動するようになり、自分自身の力で成功への道筋をたどることができるようになるのです。

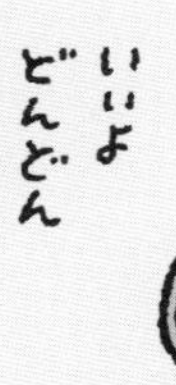

選手がつねに自分の顔色をうかがっているような気がするのだが……

こんな状況

選手たちが自分の機嫌をうかがって、遠慮がちに行動しているように思える。自分の指導法に問題があるなら改め、選手の信頼を回復したいのだが……

選手が自分に遠慮しているなら選手との接し方を再確認してみる

3年生が夏の大会終了後に引退したり、新年度が始まる4月に1年生が入部してきてチームが生まれ変わったときなど、指導者は「選手が自分の顔色をうかがって、怒られないように行動をしている」と感じることがあるかもしれません。

チームが新しくなったばかりで、まだまとまっていないため、そう受け取れるのかもしれませんが、こんなときは、選手とのコミュニケーションが円滑に図れていないと判断すべきでしょう。

そこでおすすめなのが、自分の指導法をセルフチェックしてみることです。日本のスポーツ界の指導者は、「1から10まで指導しすぎる傾向にある」と、昔から指摘されてきました。

しかし、このように、何から何までたえず選手に教え続けていると、自分では気がつかないうちに、命令口調になったり、ときに高圧的な態度をとってしまうものです。

ですから、ふだんから指導者は自分が選手たちにどのように接しているかを気にかけておく必要があります。

指導者が高圧的な指導を続けていくなら、そこからは何も生まれてこないということを肝に銘じておいてください。

高圧的な指導を続ける限り決して選手との溝は埋まらない

指導者が選手を叱るとき、よく「やる気はあるのか!」という常套句を使いますが、そもそもやる気のない選手などいるはずありませんし、もし本当にやる気がないなら、練習に顔を出すことはないでしょう。

ところが、指導者のなかには、選手が一生懸命やった結果として、たまたまミスしたのであっても、それを許そうとしない人がいます。わざとミスする選手もいないわけですから、その点を責めても効果は上がらず、逆にチームの雰囲気を悪くしてしまうだけです。

指導者が選手の失敗を「何をやってるんだ!」と叱責したら、その選手は「次も失敗したらどうしよう」と萎縮してしまいますし、そのマイナスの雰囲気がほかの選手にも伝わり、どんどん悪循環に陥ってしまいます。

こうした指導を繰り返していると、当然、選手は指導者の顔色をうかがうようになってしまいます。指導者が「俺が教えてやる」という意識を持っている限り、選手との溝はますます広がるばかりです。

指導者は自分の指導法をチェックするよう前述しましたが、このとき重要なのは、上っ面だけチェックしても意味がないということ。自分がどんな指導法を理想とし、どのような指導者になりたいのか、といった根本的な事柄についても、自分自身に問う必要があるのです。

打開策はこれだ！

笑顔を絶やさないように心がけ確固たる指導スタイルを確立する

トップダウンによる高圧的な指導法ではなく、選手の立場に立った指導法を目指すなら、その一番の近道は、指導者がつねに笑顔でいることです。

選手に指導するとき、「こうやってみては、どうだ？」と笑顔で語りかけるのです。選手がミスした場合は、「何やっているのだ！」と責めるのではなく、「いまのプレーは、こうしたら良くなるのじゃないか」と笑顔を浮かべながら接してあげるのです。

こうした指導法を繰り返していけば、選手も伸び伸びとプレーすることができますし、間違いなくチームのモチベーションも向上していきます。

とはいえ、選手が自分の求めるプレーができなかったときなどは、感情をコントロールしながら指導するのは至難の業です。

加えて、選手に笑顔で接するのと、選手を甘やかすのも紙一重でむずかしいところ。だからこそ、指導者が自分の確固たる指導スタイルを確立していくことが求められるのです。

引っ込み思案な選手に対して、どう接したらいいのかわからない……

こんな状況

最近、内向的であまり発言することがないため、何を考えているのかわかりにくい選手が増えているような気がするが……

自分の意見を言わない選手の本心がどこにあるのかを探る

百人百様という言葉どおり、選手の性格は人それぞれです。なかでも、引っ込み思案なタイプの選手の指導には、手を焼いている指導者も多いと思われます。

こんな選手は、生まれつき控えめな性格なのかもしれませんし、親が過保護で、何か障害があるといつでも取り除いてもらっていた結果、自分から何も主張できなくなってしまったのかもしれません。

あるいは、過去に自分が何か意見を主張したとき、他人から強く否定されたのがトラウマとなり、その後、人前で発言できなくなった、という深刻な状態に陥っているのかもしれません。

とくに現代の日本社会においては、小さいときからケンカはもちろんのこと、人と争うことを極力避ける教育を受けており、「人と衝突するくらいなら、自分の意見を言わないほうがいい」と考える傾向にあるのかもしれません。

こうした選手と対峙したとき、コーチは、何を指示しても「はい、わかりました」と返事をする選手の本心がどこにあるのか探る必要があります。そのためには、通常の接し方とは違った方法でコミュニケーションを図るのが大切で、たとえば、選手たちに「ディベート」をやらせてみるのも有効な方法の一つです。

ディベートを定期的に行って「発言することの壁」を越えさせる

ディベートとは、意見が異なることを前提にしたテーマについて、賛成側と反対側に分かれて議論し、スピーチを通してそれぞれの説得力を競うものです。この特性を活かし、必ず参加者全員が発言するというルールにすれば、ふだんは消極的な選手でも、自分の意見を言わざるを得ません。

ディベートを体験させる理由は二つあります。一つは、自分の意見を言う習慣を身につけさせること。もちろん、1回のディベートを体験したからといってすぐに発言できるようにはならないでしょうから、根気よく定期的に開催するようにしてください。

そして、もう一つの大きな理由は、物事には往々にして両面性があるもので、「それぞれの立場に立てばどちらも間違いではないという状況が生じることがある」ということを選手に理解させるためです。

たとえば、野球における「送りバントの是非」をディベートのテーマとしたなら、試合状況やチーム事情によって、どちらも正しいケースがありますので、その是非を決定することはできません。

このことを理解することができれば、自分の意見に自信を持てないために発言できない選手がいた場合、その選手の「自己改革」を促すことができるのです。

打開策はこれだ！

内向的な選手の先入観を除いて発言を促す方法はいろいろある

発言できない選手のなかには、指導者やチーム内で影響力のある選手が言っていることがつねに正しいと信じているため、たとえ自分の意見が違っていても、それを口に出すことができない人も見受けられます。

こうした先入観を取り払うためには、ディベートを重ね、物事の正解は一つではない、ということを実感していくことが重要になります。

ディベートのほかに、選手と「練習ノート」を交換しているなら、そこに選手の意見を書くよう指導しましょう。発言するのが苦手でも、文章なら冷静に考えてから書くことができるので、有効な手段となります。

このほか、内向的な選手の発言を促すために、指導者が選手に相談するという方法があります。つまり、選手に指示するのではなく、「俺はこう思うが、どうしたらいいかな」と相談するのです。すると、選手のほうも返答しやすくなります。また、コーチから相談を持ちかけられれば「信頼されている」と自信を持つようになり、コーチとの人間関係も円滑になります。

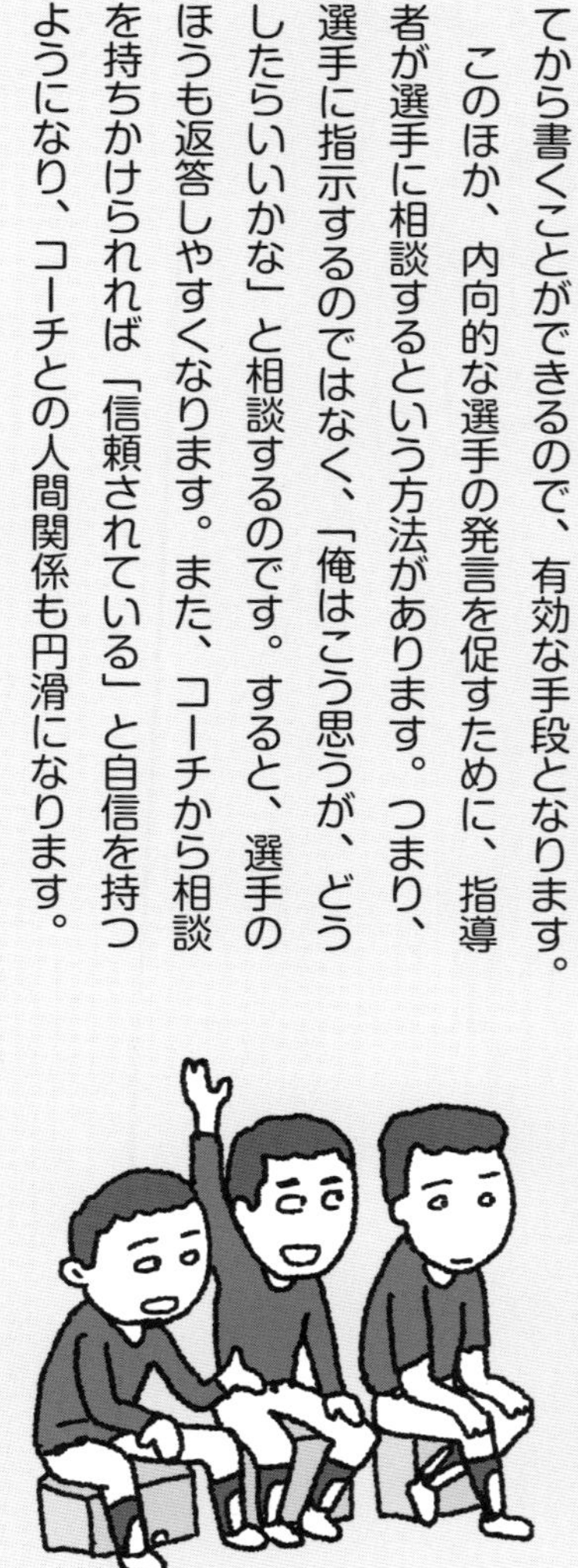

こんなときどうする？

Situation 08

選手を指導したとき、その内容を理解しているかどうかわからない……

>>> こんな状況

選手に何かを伝えると、「はい、わかりました」とすぐに答えが返ってくるが、本当に理解しているかどうか不安を覚えることがある……

自分の指導内容が選手に適切に伝わっているかどうか確認する

指導者が選手にアドバイスしたとき、選手は「はい、わかりました」と当たり前のように返事をしますが、選手の返答の仕方によっては、手応えのなさを感じる指導者もいると思います。

なぜなら、選手の「はい、わかりました」という返答は、じつは額面どおりに受け取れない場合があるからです。

たとえば、本当は理解していないのに、「わかりません」と答えて面倒な事態になるのを避けようとしていたり、「はい」と返事をしないと指導者に怒られる、と思っているということもあるでしょう。

加えて、指導者側も「はい、わかりました」という選手の返答に慣れっこになってしまい、選手の反応を気にすることなく、言いっ放しにしてしまうこともあるようです。

ですから、指導者は、ときには自分の出した指示に対して、選手がその内容を理解しているかどうか、意識的に確認するようにしたいものです。

もちろん、自分が出した指示のすべてを確認することは不可能ですから、自分の指導スタイルに合わせて、その機会を設けるようにしましょう。

たとえば、練習中に選手を集めて指導するようなときは、じっくりと選手の表情をうかがうことができるはずです。

選手に指導内容を復唱させてその理解度を深めさせる

選手が自分の指示を理解しているかどうか確認するには、選手に指導内容を繰り返させてみるといいでしょう。選手は、指導者の指示が簡単なものならすぐに理解できますが、複雑な内容のものになると、一度聞いたくらいで覚えられるものではありません。

ですから、選手にリピートさせることで、理解しているかどうか確かめるとともに、その理解が深まるようにするわけです。とはいえ、こうした指導を選手全員に徹底させるのもなかなかむずかしいものがあります。

そこで、選手たちにメモを取る習慣をつけさせるようにしましょう。もちろん、四六時中メモさせるわけにはいきませんから、練習の頃合いを見計らって、「メモ時間」を設けるようにします。

そして、選手が指導者から言われたことを書き留める習慣が身につけば、選手自身の理解が深まるほか、指導者がそのメモを元に指導を展開していくなどの利点が生じてきます。

たとえば、ある問題について「注意すべき点はどこか?」「解決するにはどういう手順でやるのか?」といったように、指導者と選手が共通認識を持つことができ、二人三脚で問題解決へ向けて取り組んでいくことができるようになるのです。

打開策はこれだ！

メモを取ることで、選手は能動的な姿勢を見せるようになる

選手にメモを取らせる最大のメリットは、指示待ちすることが多かった選手たちに、能動的な姿勢が見られるようになってくることです。

選手はメモを取る習慣が身についてくると、ただ言われたことを記述するのではなく、いろいろと考えながらメモするようになります。

すると、メモをしていく最中にそのときの疑問点や問題点が自然と浮かんでくるようになるのです。

こうした兆候が現れるようになると、選手にとって練習は、トップダウンで「やらされている」ものではなく、ボトムアップで自分から「取り組む」ものに変わってきます。

このほか、選手に指導内容を理解させるには、「教えたことを別の選手に教えさせる」という方法がおすすめです。

選手は、人に教えるために習った内容の理解を深めようと努力します。加えて、人に教えている過程で、より理解が深まるという相乗効果をもたらすのです。

気をつけてはいるのだが、つい余計な小言が多くなってしまう……

こんな状況

選手の失敗や怠慢な態度を冷静に受け止めることができず、気がつくといつの間にか選手につまらない小言を発しているのだが……

愛情を持っていたとしても、過剰な指導は逆効果となることがある

指導者は選手に対して、いつもその成長を願いながら、愛情を持って接しているものです。だからこそ、選手が簡単にできるはずのプレーをミスしてしまうと、「なんでこんなことができないのか」と、腹立たしく思ってしまうのです。

同様に、選手たちの練習態度に覇気が感じられないときは、「なぜ一生懸命に取り組まないのか」と、怒りの感情がわいてくるのです。

こんなとき、とくに指導者が気をつけたいのが、怒りにまかせて選手を叱りつけてしまうことです。もちろん、指導スタイルの一つとして、意図的に大声で注意することはあるかもしれませんが、冷静さを失わないように心がけてください。

また、選手を怒鳴ったりはしないものの、選手の至らない点が目についたとき、1から10までこと細かく注意を与えることはないでしょうか。選手を成長させたいという気持ちは理解できますが、過剰な指導は逆効果になってしまうことがあります。

選手にしてみれば、何をやっても絶えず「お小言」を言われ続けるわけですから、モチベーションが上がるはずもなく、最悪の場合、指導者を避けるようになってしまうこともあります。

過去の自分を振り返って、選手たちと同じ目線を取り戻す

選手を指導する際、行き過ぎないようにするには、次の方法を試してみてください。

それは、自分が中学生や高校生だったころ、学校の部活動で、どんな振る舞いをしていたかを思い出してみることです。おそらく多くの選手が、当時の指導者をイライラさせるような行動をとっていたに違いありません。

人は成長して大人になると、過去に自分ができなかったことはすっかり忘れてしまい、自分がさも優等生だったかのように都合よく記憶をすり替えてしまうものです。

ですから、昔の自分がいまの選手と大差ないレベルだったと再認識することができれば、選手と同じ目線を持つことができるようになるはずです。すると、以前よりは選手に寛容に接することができるようになり、加えて、細かなミスに目くじらを立てることも少なくなり、いい意味で大目に見ることができるようになるわけです。

コーチングの基本は、いつも同じスタンスで物事を判断し、ぶれない指導をすることにあります。選手のプレー内容や練習態度にいちいち腹を立てて、その都度反応して小言を言っていたのでは、的確な指導は望むべくもないということを覚えておいてください。

ストレートに叱責するのを控え、「問いかけ」の指導法に改める

指導者が余裕のある態度で選手に接するためには、選手にアドバイスするとき、その枕詞として「一生懸命やっているのはよくわかっているけど」といった意味の言葉をかけてから始めるようしてみてください。

思ったことをすぐに口に出すのではなく、このようにワンクッションおくことで、つねに冷静さを保つことができるはずです。

加えて、気をつけていても、つい「なんでそんなことができないんだ」「なんでそんなミスをするんだ」と叱ってしまうようなら、「どうしたらできるようになるのか?」「どうやったらミスをなくせるようになるのか?」という問いかけの指導法に改めるようにしましょう。

内容的には同じことを言っているのですが、このように問いかけてあげるだけで、選手の受け止め方はガラッと違ってきます。指導者が選手の身になった発言をすれば、選手に信頼されるようになり、そこに良好な人間関係が築かれることになるのです。

こんなときどうする？

Situation 10

知らないうちに、自分の指導で選手を追い込んでしまうことがある……

こんな状況

選手のためを思って助言しているのに、逆に選手を追い込んでしまうことがある。自分の思いが選手に伝わる指導法を身につけたいのだが……

選手ごとに適した指導法を考え熱くならずに冷静な態度を保つ

指導者が軽い気持ちで選手にアドバイスしたつもりでも、受け取る側によっては、それが重荷になってしまうことがあります。

たとえば、選手が一つのプレーを終えるごとに、いちいち指導者がダメ出しをしたなら、どうなるでしょうか。最初のうちは素直に「はい、わかりました」と答えるでしょうが、それが延々と続くとなると、そのうち嫌気がさしてしまうものです。

また、選手のなかには、指導者から何か言われると、「あー、俺はダメだ！」と、まるで自分が全否定されたように受け止めて、自分を追い込んでしまう人もいます。

このほか、プライドの高い選手は、指導内容によっては自分のプライドが傷つけられたと感じてしまう場合もあるので、選手それぞれの性格を把握した上で、指導法を変える必要があるでしょう。

とくに、指導者が注意しなければならないのは、最初は冷静にアドバイスしていたのが、だんだんとヒートアップしてしまい、ついには選手を怒鳴りつけてしまうことです。

選手に上手になってほしいという情熱は理解できないことはありませんが、つねに冷静な態度を保ちながら、指導するように心がけたいものです。

正論を振りかざすのではなく選手に受け入れられる指導を

指導者が良かれと思って言ったことが、なぜ、選手に悪く解釈されてしまったり、ときには選手を精神的に追い詰めてしまうことになるのでしょうか。

じつは、正論には「人を追い詰めてしまう」という側面があるのです。読者のみなさんも、先生や両親などから叱られたとき、それがあまりにも正論で、反論したくてもできない場合、「腹立たしくて納得したくない」という感情を持った経験があるはずです。

スポーツにおける指導者と選手の関係も同様で、指導者が正論を言い続けると、選手の精神面がパンクして、逆に反発心を抱いてしまうことがあるのです。

ですから、指導者は「正論がときとして仇(あだ)となる」ということを忘れないようにしてください。

また、チーム全体にアドバイスするときは、グラウンドや体育館の角に選手を集めて行うのはやめましょう。選手たちを隅っこに追い込んで話をすると、精神的にも追い込んでしまうことになります。

人は角に集められると窮屈さを感じてしまうので、グラウンドや体育館の中央付近の広々とした開放的な空間でアドバイスしたほうが効果的だということを覚えておいてください。

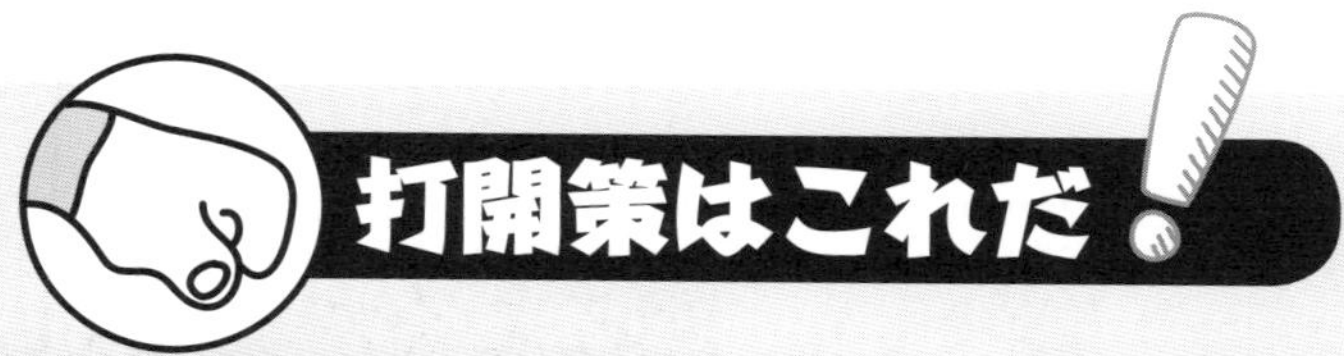

指導の際の言葉づかいを工夫し体を使った指導法も取り入れる

「窮鼠猫を噛む」の故事のとおり、人も追い詰められると思わぬ行動をとることがあるので、指導の際は、「逃げ道」を用意するようにしましょう。

そのもっとも基本的な方法は、「〜だろ！」という断定的な物言いを避けることです。

そのためには、指導者は断定的な口調にならないように、話し方のバリエーションを事前に準備しておくといいでしょう。

また、同じような内容の話をするときは、選手を飽きさせないよう、表現方法に変化をつける工夫をしましょう。

さらに、言葉による指導のほか、体を動かしながら指導する方法を多用すると効果的です。たとえば、新たな練習法を教える場合、指導者が実際にやってみせてあげるのです。

こうすることで、選手は指導者と一緒になって練習していると実感することができ、両者の間にあった目に見えない壁が取り払われることになるのです。

Column 1

チーム力を高める練習メニュー・その1

おーい、聞こえるかー

●メニューのねらい

いざというとき、大きなよく通る声を出すことができる

●メニューの設定

◎人数：2人　◎場所：グラウンド　◎時間の目安：3分　◎道具：不要

●メニューの目的

試合中のフィールドには、相手選手が自チームの選手に向かって出す指示の声、相手チームのヤジ、敵味方の応援、観客の声援など、さまざまな声が入り交じっています。それに加えて本番であるがゆえの緊張感やプレッシャーを感じますから、いつも通りプレーするだけでも大変です。だからこそ、ふだんから大きな声・よく通る声を出して練習する必要があるのです。

このメニューのように、グラウンドにたくさんのペアが並んで会話をすれば、当然その声が気になります。その中で自分たちの会話ができるようにすることは、試合で役立つトレーニングになります。

●メニューの手順

①ペアになります。

②50〜100メートルくらい離れます。

③2人で会話をします。→内容は何でもよい。

→詳しくは『チーム力を高める36の練習法』（高畑好秀著・小社刊）参照

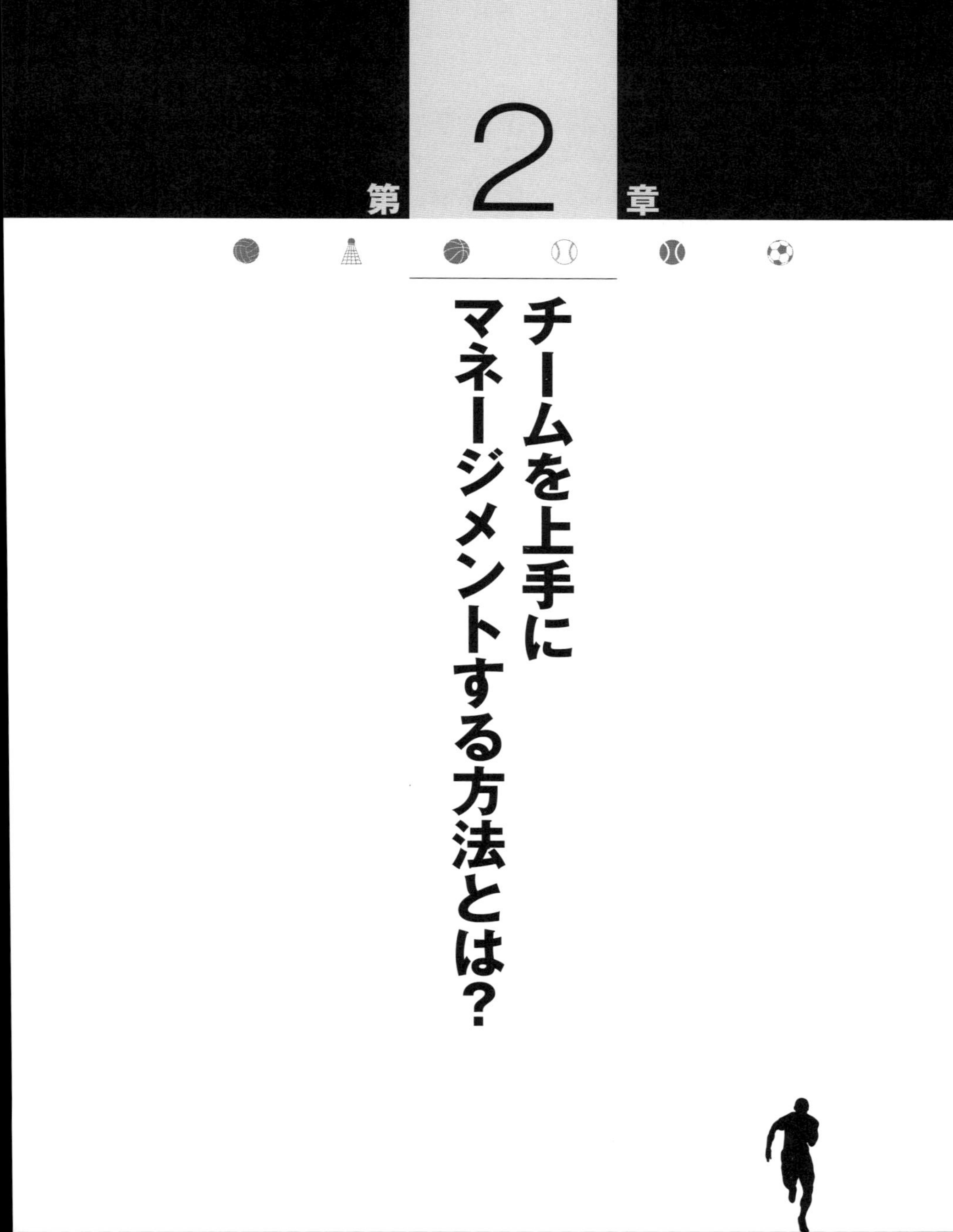

第2章

チームを上手にマネージメントする方法とは？

自分で考えることがなく、言われたことしかできない選手が多いのだが……

こんな状況

「ちょっと考えればわかるだろ」と言いたくなる選手が増えて困っている。なんでも自主的に取り組み、自分の頭で考える習慣を身につけさせたい……

「やらされている」だけだから、「何をすべきか」推測できない

最近の選手たちと接していると、ときどき理解に苦しむ場面に遭遇することがあります。

これは私が実際に目にしたことですが、ある高校で保護者たちを招いた野球の試合があり、指導者が選手に「グラウンド脇に机と椅子を並べ、机を拭いておきなさい」と指示しました。すると、なんと選手たちは机は拭いたものの、机と同じように汚れている椅子はそのまま放置して戻ってきたのです。

このシーンを目撃したとき本当に驚いてしまいましたが、なぜ選手たちはこうした対応しかできないのでしょうか。その一番の原因は、指導者に言われたからやるという姿勢で、自分の仕事として能動的に取り組むことができないからだと思われます。

指導者から「やらされている」だけだと、保護者のために「何をすべきか」といった状況判断をしないいため、「汚れている椅子には座りたくないだろう」という他人に対する配慮も欠いてしまうことになるわけです。

こうした選手たちの行動を詳細に分析すれば、このほかにもさまざまな理由があげられるでしょうが、指導者は、まず「机を拭いたついでに椅子も拭く」という簡単なことができない選手が存在する、ということを認識しておいてください。

あえて抽象的な指示を出すことで選手が自分で考える機会を与える

選手たちが言われたことしかできないなら、この場面で指導者は「お客さんが心地よく観戦できるように机と椅子をきれいに配置し、それぞれの汚れを落としなさい」と、こと細かに指示するしかありません。

しかしそれでは、選手はいつまでたっても自分の頭で考えることができるようにはなりません。

そこでおすすめなのが、あえて抽象的な指示を出して、選手に考えさせる機会を与えるという方法です。たとえば、「お客さんに観てもらうための環境を整えなさい」と指示してみるのはどうでしょうか。

この指示なら、選手は自分の頭で考えざるを得なくなり、そこではじめて相手の立場を慮（おもんぱか）ることができるのです。ちょっと逆説的な言い方になりますが、指示を抽象的にすることで、選手が「やるべきこと」を具体化できるようになるわけです。

また選手たちには、体育館やグラウンド、部室などを「気持ちいい」と実感できるようになるまで徹底的に掃除させてください。

きれいな状態を当たり前と思うようになれば、ちょっと汚れたら「気持ち悪く」思うようになり、「机を拭いたついでに椅子も拭く」ことも自然とできるようになるはずです。

打開策はこれだ!

毎日の雑用を通じて、考える習慣を身につけさせる

選手たちに自分の頭で考える習慣を身につけさせるために、前述した体育館やグラウンド掃除を有効活用することができます。

たとえば、野球のグラウンド整備を行うときは、体の使い方を意識しながら取り組めば、格好のストレッチとなりますし、ボール拾いもやり方次第では、守備体勢に入るときの練習になります。

ですから、日々の雑用であっても自分の頭で考えて工夫すれば、ちゃんとした練習になることを選手に指導してください。

このように、雑用を単なる雑用としてこなすのではなく、練習の一環として取り組むことができるようになれば、ただ漫然とやっている選手と比べると、大きな違いが出てきます。

また、ふだんから頭を使って雑用に取り組んでいると、通常の技術練習でもあれこれ創意工夫するようになります。すると、自分に適した練習方法が見つかるようになり、実力を伸ばす契機となるのです。

何事にも鈍感な選手に「気づく力」を身につけさせたいのだが……

こんな状況

身の回りの出来事や自分を取り巻く人々に無頓着な選手がいる。優れた選手へと成長するため、気づくことができる能力を磨いてもらいたい……

何かに気づくことができれば人は日々成長することができる

人が生きていく上で、「気づくことができる能力」はとても大切なものです。なぜなら、気づくことは物事を探求するきっかけとなるからです。

何かに気づくと、そこに「なぜだろう?」という疑問が生まれ、その答えを自分で調べたり人に質問したりしながら探そうとします。そして、自分の抱いた疑問を解決できたら、そこに喜びを感じて向上心が芽生えてきます。すると、ふだんから物事を注意深く観察するようになり、より一層さまざまなことを吸収できるようになるわけです。

ところが、人がある出来事に遭遇したとき、全員が同じように見たり聞いたりするわけではないため、なかには何も感知できない人もいます。

その結果、気づくことができた人とできなかった人には差が生じることとなり、その差は日々広がっていきます。

この「気づく力」はスポーツの技術習得などにも役立ちますから、気づくことのできる選手とそうでない選手では、その習熟度において差が出てきてしまいます。

ここで問題となるのは、気づく力の足りない選手に限って、その事実に気づいていないということ。人は気づくことができなければ自分を変えることができず、成長することもおぼつかなくなってしまうのです。

「気づく力」を身につけるため「気配り」することから始める

芸能界の「お笑いビッグ3」の一人と称されるタモリは、かつて弟子を取らない理由を問われ、「お笑いに一番必要なものはセンス。だけどセンスは教えることができない」と答えていました。

このエピソードと同様、じつは気づくことができる能力は、その人が生まれ持ったセンスに負うところが大きいのです。ですから、なかなか教えることがむずかしいといえるでしょう。

そこで提案したいのが、選手たちに「気配り」するように指導することです。なぜなら、人は自分のことは客観視できないものですが、他人のこととなると、いろいろと気づくことができるからです。

気配りするために人をつぶさに観察していると、その人が置かれている状況を把握できるようになります。そして、その気持ちまで推察できるようになるのです。

こうなればしめたもので、ある人が助けを求めているなら手を差し伸べ、ある人が落ち込んでいるなら励ましてあげればいいわけです。

他人の長所や短所が見えるようになると、「人の振り見て我が振り直せ」の故事のとおり、他人と自分を比較することによって、自分の行動を改めることができるようになるのです。

思いやりのあるプレーの実践が優れた選手へと成長させる

選手が気配りできるようになったら、今度はそれをプレーでも実践できるように指導します。

チームスポーツの場合、どんなに個人技に秀でた選手でも、自分一人だけの力でプレーを成立させることはできません。

野球であれば自分が送球したボールを相手が捕球する必要がありますし、バレーボールでもパスしたボールは誰かが受け止めなければなりません。

ですから、自分がどんなに厳しい状況であっても、相手のことを気づかった、思いやりのあるプレーを心がけるようにしたいものです。

そして、こうした思いやりのあるプレーを積み重ねていくと、何かあった場合でも、とくに意識せずに頭のなかにあるセンサーが反応し、自然に適切な対応ができるようになります。

気づく力がこのレベルまで到達すれば、優れたプレーヤーへと変貌できるだけでなく、優れた人間へと成長できるのです。

こんなときどうする？ Situation 13

いつもネガティブな言葉を口にしている選手をなんとかしたいのだが……

こんな状況

事あるごとにマイナス発言を繰り返す選手がいる。その言葉が自分の成長を妨げるだけでなく、チームにも災いをもたらすことに気づかせたい……

「マイナス発言」は自分だけでなくチームにも悪影響を及ぼす

練習中に「ダメだな～」とか「どうせ自分なんて……」などと、後ろ向きな発言ばかりしている選手を見かけることがあります。

こんな選手は、なんでも否定的に捉(とら)えてしまうマイナス思考の持ち主で、試合中にミスしたときも「ああ、失敗した～」と、そのつど口に出してしまいます。

もちろん、ネガティブな言葉であっても、自分を鼓舞するためのものなら問題ありません。ところが、そうではない場合は、マイナス発言を繰り返すと、どんどん負のスパイラルに陥ってしまうのです。

いつもネガティブな言葉を発するのは、チームメイトに同情され励ましてもらいたいからなのか、あるいは、自分が成長する姿を思い描けないため、努力することをあきらめてしまっているのか……。

いずれにせよ、本人のプラスにならないだけでなく、こうした発言を毎回聞かされるチームメイトにとっても迷惑な話です。

みんなが黙って聞き流してくれているうちはいいですが、誰かが「うるさいから黙れ」とクレームをつけたらどうでしょうか。両選手がケンカでも始めようものなら、一瞬でチームの雰囲気は悪くなり、モチベーションも一気に下がってしまいます。

「マイナス発言」を確認したら発言者に反省を促すようにする

ネガティブな言葉を発しないようにするには、メンタルを改善する必要がありますが、その手始めとして、マイナス発言の回数を少しでも減らすように習慣づけたいものです。

そこでおすすめなのが、選手全員参加による「マイナス発言探し」です。誰かがネガティブな言葉を口にしたとき、「○○くんが、いまマイナス発言しました」と指摘するのです。そして、指摘された選手には、「ダッシュ10本」とか「グラウンド3周」といったペナルティーを課すようにします。

もちろん、練習中にずっと続けるのはむずかしいでしょうから、指導者が時間を区切ったり、マイナス発言をカウントしておいてペナルティーを後回しするなど、工夫を凝らして実行してみてください。

じつは、この取り組みを行うと、選手たちがマイナス発言を見逃さないように真剣になり、盛り上がりをみせるようになるため、チームを活気づけるのにも役立ちます。

このように、チームメイトからマイナス発言を指摘され、そのたびにダッシュやランニングを繰り返せば、その発言回数は必ず減少するはずです。すると、選手はポジティブな姿勢を見せるようになり、パフォーマンスも向上していきます。

打開策はこれだ！

「マイナス発言」を変換すれば自ずとポジティブになる

「マイナス発言探し」のバリエーションとしておすすめしたいのが、「マイナス発言リピート」です。

これは、自分が発言したネガティブな言葉が、チームメイトにどんな影響を及ぼしているのかを理解させるものです。

その方法は、マイナス発言を指摘され、ダッシュやランニングのペナルティーをクリアした選手が戻ってきたら、選手全員でその言葉を叫ぶのです。自分の発言が体育館やグラウンド中に響くわけですから、これほど堪（こた）えるものはありません。

さらに、マイナス発言を「プラス発言」に変えさせ、大声で発表させます。たとえば「僕はダメだ」という自虐的な言葉が、「僕は大丈夫だ！」と変換されると、自ずとポジティブになることができるのです。

そして最後の仕上げとして、このプラス発言を選手全員で叫ぶようにさせましょう。すると、チームに一体感が生まれるようになり、そのモチベーションも飛躍的にアップします。

あーもうダメだー

こんなときどうする？ Situation 14

レギュラーを外した選手を落ち込ませないようにしたいのだが……

こんな状況

チーム事情を考慮してレギュラーを選んでいるが、そこから外さざるを得なかった選手を、必要以上にがっかりさせないように対処したい……

指導者はレギュラー選定の基準を選手たちに説明する必要がある

指導者にとって、レギュラーを決めることは重要な役割の一つです。熟考を重ね信念を持って決断するものですが、審判を下される選手たちにとっては、その結果を冷静に受け止められないこともあるでしょう。

とくに、3年生になってようやくレギュラーの座をつかんだものの、結局外されてしまったというケースでは、その選手が受けるダメージの大きさは想像するに難くありません。

こんなときの選手の心理状態は、「監督に嫌われたのでは……」「もう2度とレギュラーに戻れないのでは……」などと不安が増殖していき、平常心でいられなくなってしまいます。

ここで指導者に求められることは、自分がどんな基準でレギュラーを選んでいるのかを明らかにすることです。選手全員を前にして話すのはもちろんのこと、レギュラーを外された選手がショックを受けているようなら、個別に呼んでさらに詳しく説明してあげることが必要です。

指導者が説明責任を果たさなければ、選手はなぜ自分が外されたかを理解することができません。そうなると、選手のなかには指導者に不信感を抱いたり、落ち込んだまま立ち直れない者が出てくることになり、チーム運営にも支障をきたすことになります。

指導者はチーム戦略を示しながら、必要とする選手像を明らかにする

指導者がレギュラーを選ぶ基準を明確にすることは、じつは、チームがどのようにして勝っていくかという、チーム戦略を示すことにもつながっていきます。

たとえば、指導者がオフェンシブなチームを目指しているなら、攻めるのが得意な選手を求めるでしょうし、その反対なら、守りに長けている選手を必要とするわけです。

もちろん、実際はこのような単純な話ではありませんが、指導者はたえずチームのことを分析して勝利するための方法を模索し、適材適所の選手を選んでいるものです。

ですから、指導者はこうしたチーム戦略を含めて、レギュラーの選定基準を伝えるようにするといいでしょう。このようにすれば、レギュラーを外された選手も、自分の足りなかった点を理解できるだけでなく、自分がどの方向に進めばいいのかも理解できるようになるのです。

このほか、選手をレギュラーから外す理由は、「レギュラーに抜擢したものの結果を出せずに苦しんでいたから」など、さまざまな場合があると思われますので、ケースバイケースで、それぞれの事情を選手たちに伝えるように心がけてください。

現時点のダメなことだけでなく可能性のある未来も示す

選手たちにしてみれば、レギュラーに選ばれて試合に出られるかどうかは、まさに一大事です。

ですから、指導者はレギュラーを外した選手に話をするときには、相手を気づかい、その伝え方を工夫する必要があります。

もっとも避けたいのが「お前は俺の求めるレベルに達していない」と、突き放したような言い方をすることです。そうではなく、「キミのこの点をもっと伸ばしていこう」といったように、次なる目標を明確にしてほしいものです。

レギュラーを外したのは紛れもない事実ですが、「○○すればレギュラー復帰も夢ではない」と、選手の意識を「いま現在」から「近い将来」へと向けさせるわけです。

人は辛い現実があっても、希望を持つことができれば、意外と頑張れるもの。指導者は、選手の可能性を信じ、明るい未来があることをイメージさせることで、モチベーションアップを図るようにしましょう。

こんなときどうする？

ミスが生じたとき、チームの雰囲気が悪くなるのを回避したいのだが……

こんな状況

試合中にミスした選手を非難するなど、「フォア・ザ・チーム」の精神に反することがあるので、チームワークを再構築したい……

チームの和が乱れると、ミスした選手だけが責められがちになる

人は自分のことを棚に上げて、他人の欠点についてはあれこれ指摘したがる傾向があるようです。スポーツの場面でも、チームメイトがミスしたとき、思わずカッとなって怒鳴っている選手を見かけることがあります。

しかし、ミスした選手を感情的になって責めても、なんの解決にもならないどころか、チームワークを乱すことにもつながります。

とくに野球やサッカーなど、攻守の役割分担のあるスポーツでは、両者の対立が顕著になることがあります。野球で点が入らなければ、ピッチャーは「なぜ打ってくれないのか」と思うでしょうし、リードしていたのに逆転されてしまえば、バッターは「どうして抑えてくれないのか」とがっかりするものです。

サッカーでは、たとえば1点リードして後半の勝負どころの局面を迎えたときに、攻撃陣は「もう1点取りにいこう」と積極的な姿勢を見せていても、守備陣が「責めずに守りを固めたい」と消極的になっているなら、両者の間に溝ができてしまいます。

こんなときに限って、ストライカーが簡単なシュートを外したり、ゴールキーパーがファンブルして失点するなどして敗戦を喫し、とくにミスした選手が批判を浴びることになってしまうわけです。

ミスした原因を分析し、チーム全体で対策を練るようにする

試合後のミーティングでも、往々にしてミスしたプレーだけを問題視する指導者を見かけることがあります。しかし、試合には流れがあり、すべてつながっているため、一つのプレーを抽出して「ダメ出し」すれば済むというものではありません。ミスは起こるべくして起こるものであり、それは試合の流れのなかで分析する必要があるのです。

たとえば、前述したサッカーの例でミスが生じてしまったのは、攻撃陣と守備陣の意思の疎通が図れず、リズムが崩れてしまったからです。

このように、一見したところイージーミスであっても、悪い試合の流れが影響していたわけですから、指導者は、選手たちになぜミスが起こったのかを解説してあげるようにしてください。

そうすれば、ミスした選手だけを責めることはなくなりますし、ミスが起こらないようにするにはどうしたらよいか、チーム全体で対策を練るようになるはずです。

このほか、次につながる失敗もあることを、選手たちに理解させたいものです。たとえば、野球でバッターが三振したとしても、ファールで粘ってピッチャーにより球数を多く投げさせたことで、次のバッターがヒットを打つことができたなら、この三振はムダなものではなかったわけです。

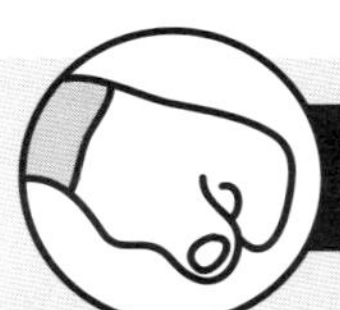

打開策はこれだ!

自分とチームの長所と短所を知れば、新たな展望が開ける

試合でミスが生じたとき、チームワークが乱れないようにするには、個々の選手たちにチームの長所と短所をあらかじめ理解させておく必要があります。

自分たちの短所を知っていれば、たとえミスが生じたとしても「想定内のこと」と、動揺することも少なくなるでしょう。

加えて、自分たちの長所を知っていれば、そこを最大限に活かして、ミスで生じたマイナス部分をフォローしていこうと、前向きになることができます。

とかく人は眼前で起こっている事柄だけで判断しがちですが、過去を振り返ったり、未来に目を向けるなどして、多角的に物事を見つめるように習慣づけるようにしましょう。

そして、選手たちに、自分の個性とチームメイトのそれが合体すると、どんなことができるかを絶えずイメージするように指導してください。こうした訓練を継続していけば、そこからチームの戦略や戦術が生まれ、新たな展望が開けるものです。

こんなときどうする？

Situation 16

厳しい練習についていけない選手を上手にフォローしていきたい……

こんな状況

進学して運動部に入ったものの、厳しい練習に耐えられずに挫折しそうな新入部員を、なんとか退部しないようにしたいのだが……

新入部員が練習に音を上げたら、別メニューで経過観察する

小学校から中学校へ、あるいは中学校から高校へと進学すると、運動部の練習内容は質量ともにハイレベルなものとなり、その厳しさについていけないと感じる選手がいるようです。

もちろん、これは運動部のレベルによっても違いはあるでしょうが、小学生と中学生、中学生と高校生を比較するなら、体力的にも技術的にも大きな開きがありますので、ある意味当然のことといえます。

そこで指導者は、あらかじめ用意していた新入部員用の練習メニューをやらせて、その実力を見極める必要があります。もし、練習についてくることができない選手がいたなら、その選手が小学校や中学校で、どんな練習をやってきたのかを把握するようにします。

そして暫定的な対策として、その選手が耐えられる別メニューの練習を組み、しばらく様子見するといいでしょう。

新入部員のなかには、早く自分の存在を認めてもらいたいとか、チームメイトに迷惑をかけたくないといった理由から、無理して練習についていこうとする選手がいるものです。

すると、体調を崩したりケガをするなど、思わぬ事態に陥りかねないので、指導者はとくに注意して見守る必要があります。

精神的な余裕を与えることで、厳しい練習に耐えられるようにする

厳しい練習についてこられない新入部員を、しばらくは別メニューで練習させたとしても、いつかは通常の練習メニューに耐えられるようにする必要があります。

ところが、満を持して本格的な練習を体験させたとき、新入部員が「きつい」とか「つらい」と感じてしまうと、ちょっと困ったことになってしまいます。

なぜなら、「こんな練習が3年間も続くのか」と絶望してしまうと、そこから抜け出すのが容易なことではなくなってしまうからです。

こんなときは、選手に精神的な「逃げ道」を用意してあげる方法をおすすめします。たとえば、部活動を続けるかどうかを1カ月ごとの更新制にしてみるのです。

つまり、部活動を1カ月続けることができたなら、そのとき「どうだ、もう1カ月続けられるか」と意志確認する機会を設け、「いつ辞めても構わない」と約束してあげるのです。

人は「辞めるな」と言われれば辞めたくなる生き物ですが、反対に「辞めてもいいよ」と言われると、精神的なゆとりを持つことができるようになり、「きつい」とか「つらい」といった感覚が薄められるものなのです。

打開策はこれだ！

あえて簡単にできることを課し、成功させて自信を持たせる

以前、京都大学のアメリカンフットボール部の監督とお会いしたとき、入部したばかりの1年生に、「やらせのタックル」をしているという話を聞いたことがあります。

この「やらせのタックル」とは、新入部員にタックルをやらせたときに先輩がわざと倒れ、「キミのタックルはいいね。センスあるぞ」と大げさにほめる。すると、自分のタックルが成功したことに気をよくし、すぐには辞めるとは言い出さなくなるそうです。

このように、新入部員に対してはハードルを下げた練習を課し、選手たちに成功体験させることで、自信をつけさせていくのも一つの方法でしょう。

こうすることで、練習は厳しくて「嫌いだ」という感情から、上手にできるようになるから「好きだ」というように意識転換させてあげるわけです。

なお、新入部員以外にも練習に耐えられない選手がいたら、指導者は練習中に「声かけ」をするなどして、日常的にフォローするよう配慮してください。

新たな練習法を提案しても、ちゃんとやらないので困っている……

こんな状況

選手のスキルアップやチーム戦略の幅を広げるために、新しい練習法を示してもいま一つ反応が悪い。選手をその気にさせたいのだが……

すぐに損得を考える選手たちの特徴を把握して指導していく

最近の子供たちは授業を受けるとき、その内容が何の役に立つのか理解できないと、真剣に取り組まないという話を耳にすることがあります。しかし、そもそも学校で子供たちが学ぶのは、なんらかの利益を得るためではなく、学ぶこと自体に意義があるからです。

ところが、日本は少子高齢化社会を迎え、大幅な経済成長が望めなくなったためか、盛んに「費用対効果」という言葉が叫ばれるようになりました。すると、民間企業だけでなく政府までが、国立大学に対し「学術研究より職業教育を重視すべき」というお門違いな方針を打ち出す始末です。

子供たちはこのような状況を敏感に嗅(か)ぎ分け、大人たちに倣(なら)って勉強することに〝見返り〟を求めるようになってきたように感じられます。

この傾向はスポーツの場面でも見られるようになり、選手たちは練習の効果を必要以上に知りたがるようになりました。とくに、指導者が選手やチームを向上させるために新しい練習法を提案したときなどは、それが自分にメリットがあると判断できない限り、やる気を見せない選手がいるくらいです。

教育者としては、スポーツすることや学ぶことの大切さを説きたいところですが、そこに至る前段階として、こうした子供たちの特徴を把握した上で、根気よく指導を続けていく必要があります。

練習内容をきちんと説明するほか選手をその気にさせる工夫を施す

選手たちが新しい練習法を取り入れるのに消極的なのは、前述した理由のほかに、きちんと練習内容を理解できていない場合もあります。

そこで、まず指導者は選手やチームが目標とする到達点を明確に示してあげるようにします。そして、その目標を達成するために、新しい練習を取り入れることを説明するのです。

このとき、その練習をすることによって「こんなプレーもできるようになるぞ」と、明るい未来像を想像させてあげるといいでしょう。

ここまで触れてきたとおり、選手たちは「将来はこうなる!」ということをイメージできないと、目の前のことに取り組めないのです。

最近の指導者は、なんの説明も加えずに練習を無理強いすることは少なくなってきましたが、選手への説明方法などは、まだまだ工夫できる余地が残っているはずです。

たとえば、選手たちを撮影した録画ビデオを見ながら解説するといった技術的な話はもちろんのこと、ときには直接スポーツに関係していなくても、指導者が感動した映画や小説を紹介するなど、あの手この手を駆使するようにしましょう。選手たちのやる気は、指導者の人間性に触れることで喚起されるものなのです。

評価と励ましによる指導法で選手のやる気をアップする

プロスポーツの世界では、それまでいま一つ伸び悩んでいた選手が、突然才能を開花させて大躍進を遂げるシーンに遭遇することがありますが、中高校生の学生スポーツでは、このようなダイナミックな展開はあまり期待できるものではありません。

中高校生の選手たちは、それまでできなかったプレーがある日突然できるようになるわけではなく、日々の練習によって段階的にできるようになっていくのが普通です。

そこでおすすめしたいのが、評価と励ましによる指導法です。つまり、選手が段階的に向上していくのに合わせ、そのつど、評価するとともに励ましてあげるのです。

「昨日までできなかったことが上達しているな。よく頑張った。もっと上手くなるぞ」と声をかけてあげれば、選手はいつも見守ってくれる指導者に信頼を寄せるようになり、安心して練習に打ち込むことができるようになるのです。

こんなときどうする？

Situation 18

力のあるグループの勝手な行動が目立つようになってきたのだが……

こんな状況

チーム内に集団がつくられ、力のあるグループが好き勝手に行動するようになってきた。チームワークを保つために、なんとか抑制したい……

チームに集団が形成され二極化したら注意が必要となる

学校の部活動は団体行動となるため、大なり小なり組織が形成され、そこに人間関係が生じます。

すると、当然のようにチーム内で気の合う者、相性の合う者同士が一緒になって行動するようになります。

ここで問題となるのは、こうした傾向が顕著になり、特定の集団を形成するようになることです。政治の世界で見られる派閥まではいかないまでも、集団が力のあるグループとそうでないグループに二極化するようなら注意が必要です。

力のあるグループがリーダーシップを発揮し、チームを引っ張ってくれればいいのですが、その逆の場合は事情が異なってきます。

なぜなら、力のあるグループが好き勝手に行動するようになると、力の弱いグループはそれに対抗できないため、チームワークに支障をきたしてしまうからです。

チームスポーツの醍醐味は、選手一人ひとりがかみ合うことによって相乗効果が生まれ、思いもよらない「チーム力」を発揮するところにあります。

ところが、力のある選手たちだけに活躍の場が与えられるようになると、このような「チーム力」は期待できなくなってしまいます。

さまざまな選手が入り交じり、競い合ってチームは強くなる

チーム強化については、力のある選手だけを選んで少数精鋭でいくか、多くの選手を対象としていくかで、意見の分かれるところでしょう。

たとえば、オリンピック大会を観ていると、中国や韓国などは少数精鋭主義を採用し、参加競技もメダル獲得の可能性の高いものに絞っているのが見受けられます。

ここで、ちょっと大げさに自然界の例を持ち出すなら、ある生物の集団が厳しい環境下で生き延びていくには、全員が同じような特徴を持って同じように行動するよりは、異なったタイプもいたほうが好都合です。

なぜなら、突然環境が変化して多くの者が対応できない場合も、集団のなかに変わり者がいれば、なんとか難局を乗り越えることができるからです。

また、【シチュエーション❺】で触れたように、中高校生の子供たちは、予想外の成長をみせる可能性を秘めていますので、現時点で力が劣っているからといって早々に足切りしてしまうのは考えものです。実力がある選手とそうでない選手が玉石混交(ぎょくせきこんこう)となっているからこそ、選手たちの才能が磨かれるといっても過言ではありません。

ですから、強いチームを目指すなら、いろいろな特徴を持った選手たちが切磋琢磨(せっさたくま)し、鍛え上げていく必要があるのです。

打開策はこれだ！

役割分担を均等に与えることで権力の一極集中を回避する

チーム内に結成された特定のグループが力を持った場合は、その力を軽減しなければなりません。

そのためには、日本社会の仕組みを担っている〝三権分立〟のように、1箇所に権力を集中させないようにします。

つまり、チーム運営に必要となってくる役割を、さまざまな選手に振り分けるのです。

その準備として、指導者はチーム内の各グループがどんな行動をしているかを事前に観察し、そのあと適切な対処を施すようにします。

たとえば、自主練習のメニューを決めるとき、力のあるグループが主導権を握っているようなら、力のないグループのなかから責任者を選び、その者に決定権を与えます。

以上のように、選手たちにできるだけ均等に役割を与えることで、特定のグループだけに権力が集中しないようにするなど、チーム構成する上でいろいろな配慮をしてください。

強くなるために、チーム力を効果的に発揮できるようにしたいのだが……

こんな状況

スポーツの究極の目的は勝利すること。相手に勝つためのポイントとなるのがチーム力だと思うのだが、その力を高める方法を知っておきたい……

チーム力を発揮させるには、適切なチーム編成が肝要となる

選手の性格がさまざまなように、チームの特徴も多種多様です。たとえば、個々の選手の能力は高いはずなのに、チームがまとまらず力を出せないことがある一方で、選手の力量はそれほどでもないのに、チームに活気があり自分たちの実力以上のものを発揮することもあります。【シチュエーション⓲】でも触れましたが、チームスポーツの魅力は、選手一人ひとりの力が結集することで、ときに予想を上回るパフォーマンスを見せるところにあります。

このような「チーム力」を引き出すためには、まずチームの状況をできるだけ正確に把握することが肝要となります。そして、今後どんなチームにしていくかを思い描きながら、そのために必要な選手を適材適所に配置していくわけです。

ですから、指導者は選手たちを将棋の駒やチェスのピースに見立て、どのような組み合わせにすれば、もっとも相乗効果が得られるかを絶えず考察していなければなりません。

もちろん、机の上で考えただけでは結論は出ませんので、それぞれの選手の技術・体力・気力・性格などを観察し、練習や試合でさまざまなケースを経験して試行錯誤しながら、ベストのチーム編成を構築するのです。

つねにチーム状態をチェックし、何かあれば早急に対処する

指導者のイメージに見合うチームができ上がり、実際の試合でも徐々にチーム力を発揮できるようなったとしても、決して安心してはいられません。

なぜなら、人がバイオリズムによって体調が変化するように、チームもふとしたきっかけで調子を崩すことがあるからです。

たとえば、レギュラーメンバーが怪我をして控えの選手と交替すれば、チームプレーに乱れが生じますし、選手たちに疲労が蓄積していけば、プレーに精彩を欠いたりすることになります。

また、負け試合が続けばチーム内に重苦しい雰囲気が漂うようになり、ときには敗因を巡って選手同士のいさかいに発展することもあるでしょう。

このように、選手たちの技術や体力に問題があったり、モチベーションの低下や人間関係の軋轢(あつれき)などによって、チームの歯車がかみ合わなくなると、当然のことながら、本来のチーム力は発揮されません。

ですから、指導者はいつもチーム状態に目を光らせ、なんらかの変化を見つけたなら、すぐに対処したいものです。

もちろん、そのときの状況によって、チームを改善する処方箋はさまざまあるでしょうが、ここでは、まずチームの雰囲気を変えることを最優先とします。

選手同士が信頼し合う、あたたかなチームを目指す

チームに何か問題があるときは、チームの雰囲気を明るくすることが復調への第一歩となります。

なぜなら、選手たちのモチベーションが下がっているときは、どんな改善策を施しても有効に機能しないからです。

明るいチームにするには、チームワークが大切になります。聖徳太子の「和を以て貴しとなす」という有名な言葉のとおり、日本人が一番大切にしているのは、人と人とのつながりではないでしょうか。

ですから、ぜひ選手と選手の絆を大切にするあたたかなチームとすることを目指してください。

あたたかいチームとは、お互いに甘えたり妥協したりすることではなく、みんなで切磋琢磨しながらも、チームメイトを励ましたり勇気づけることができる、思いやりの持てるチームのことです。

お互いを信頼して、本気でぶつかり合っていける環境で選手が思い切り個々の力を出し切ったとき、もっともチーム力が発揮されることになるのです。

部活動ではできることが、部活動以外の場面では実行できなくなる……

こんな状況

一番基本的な「挨拶する」ということでさえ、いったん部活動の場面から離れると、実行しない選手が出てきてしまう……

挨拶がきちんとできなければ人間的成長は望むことができない

学校生活においてスポーツに取り組む意義はいろいろありますが、やはり、競技を通して心身を鍛えることにより、「人間的に成長すること」が一番大切なことではないでしょうか。

そういう意味で、私がいつも違和感をおぼえるのは、部活動ではきちんと挨拶ができるのに、それ以外の場面では、自分と直接関わりのない先生に対して挨拶しない選手がいるということです。校内でさえそうなのですから、校内から一歩外に出た場合はなおさらで、お世話になっている学校周辺の人たちに挨拶できる選手のほうが珍しいくらいです。

私が問題だと思うのは、部活動中にできることが、なぜプライベート（日常生活）になるとできなくなるのか、あるいはしようとしなくなるのかということです。。

結局、選手が部活動で挨拶しているのは、じつは「できている」のではなく、指導者や先輩から怒られたくないといった理由から「やらされている」だけに過ぎないということなのでしょう。

挨拶も満足にできないようでは、残念ながら人間的に成長しているとは言い難い状態で、これではスポーツに取り組む意味を問われることになってしまいます。

うわべだけを取り繕(つくろ)うのではなく喜びを感じて実践するようにする

挨拶という行為は、人間同士のコミュニケーションにおいて、もっとも基本的な部分を担っています。

とくに、その日はじめて顔を会わせたときに交わす「お早うございます」という言葉には、「今日があなたにとっていい日でありますように」という願いが込められているのです。

ところが、こうした挨拶の重要性は説かずに、ただ形だけの挨拶を強要する指導者もいるようです。すると選手たちは、指導者の「挨拶しろ」という命令に従っているだけですから、その挨拶はうわべだけで心のこもったものにはなりません。

人は「お早う」と声をかけたとき、「お早うございます」と返事をされるとうれしいもので、その喜びを感じることができれば、毎朝欠かさず誰に対しても挨拶ができるようになるものです。

学校の教育現場では、先生がトップダウンで生徒たちに「やらせる」という風潮がまだまだ残っており、このように「感じる」ということを大切にする教えが足りていないように思えます。

ですから、指導者には、選手たちが「挨拶は大切なものだ」と「感じる」ことができるように導いてもらいたいものです。

日常生活を大切にした者が優れたプレーヤーとなる

冒頭で触れたように、指導者は競技の上達を目指すだけでなく、選手が人間的にも成長できるようにサポートする必要があります。

ところが、中高校生が部活動で過ごす時間は、そのほかの学校生活や日常生活に比べるとわずかなものです。ですから指導者は、この限られた時間だけでなく、部活動以外の時間をどのように過ごすかについてもレクチャーするようにしましょう。

大リーガーのイチロー選手は、球場内での過ごし方はもちろんのこと、自宅での日常生活においてもストレッチマシンなどで体のトレーニングやケアを行うだけでなく食生活にも気を配るなど、野球選手としてパフォーマンスを100パーセント発揮できるようにつねに準備しています。

このように、部活動の時間だけ頑張るのではなく、何気ない日常生活にも一生懸命に打ち込んでこそ、真の意味での成長が期待でき、優れたプレーヤーになることができるのです。

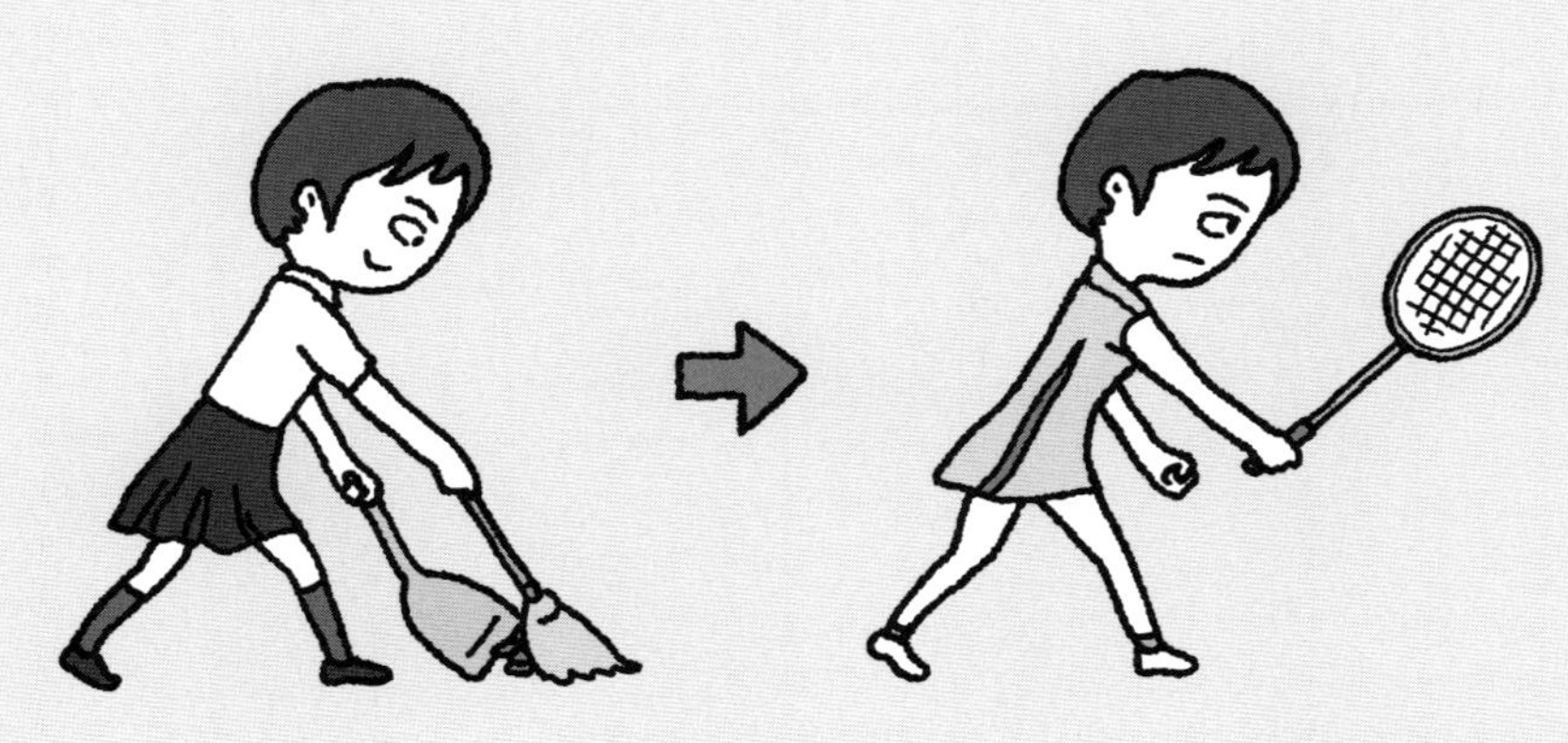

チーム力を高める練習メニュー・その２

パートナー探しゲーム

●メニューのねらい

質問すること、答えることによって、お互いの相互理解を深める

●メニューの設定

◎人数：6人　◎場所：どこでもよい　◎時間の目安：20分　◎道具：不要

●メニューの目的

チームづくりはチームメイト同士の相互理解から始まります。ゲーム感覚のこのメニューでそれを促します。

●メニューの手順

①6人で1つのグループとし、誰か1人を主人公に決めます。

②主人公は、あるテーマのもとに自分の相手を1人選ぶことを宣言します（イラスト1)。→自分と旅行に行く（※)、学級委員を一緒にやるなど。

③主人公は、自分のパートナーを選ぶために3つの質問をします（イラスト2)。→上の※の例であれば、どこに行きたいか、交通手段は何がいいかなど。

④主人公以外の5人が、3つの質問に対して答えます（イラスト3)。

⑤質問の答から、主人公はパートナーを1人選び、その理由を明らかにします（イラスト4)。主人公を交替して、同じように続けます。

→詳しくは『チーム力を高める36の練習法』(高畑好秀著・小社刊）参照

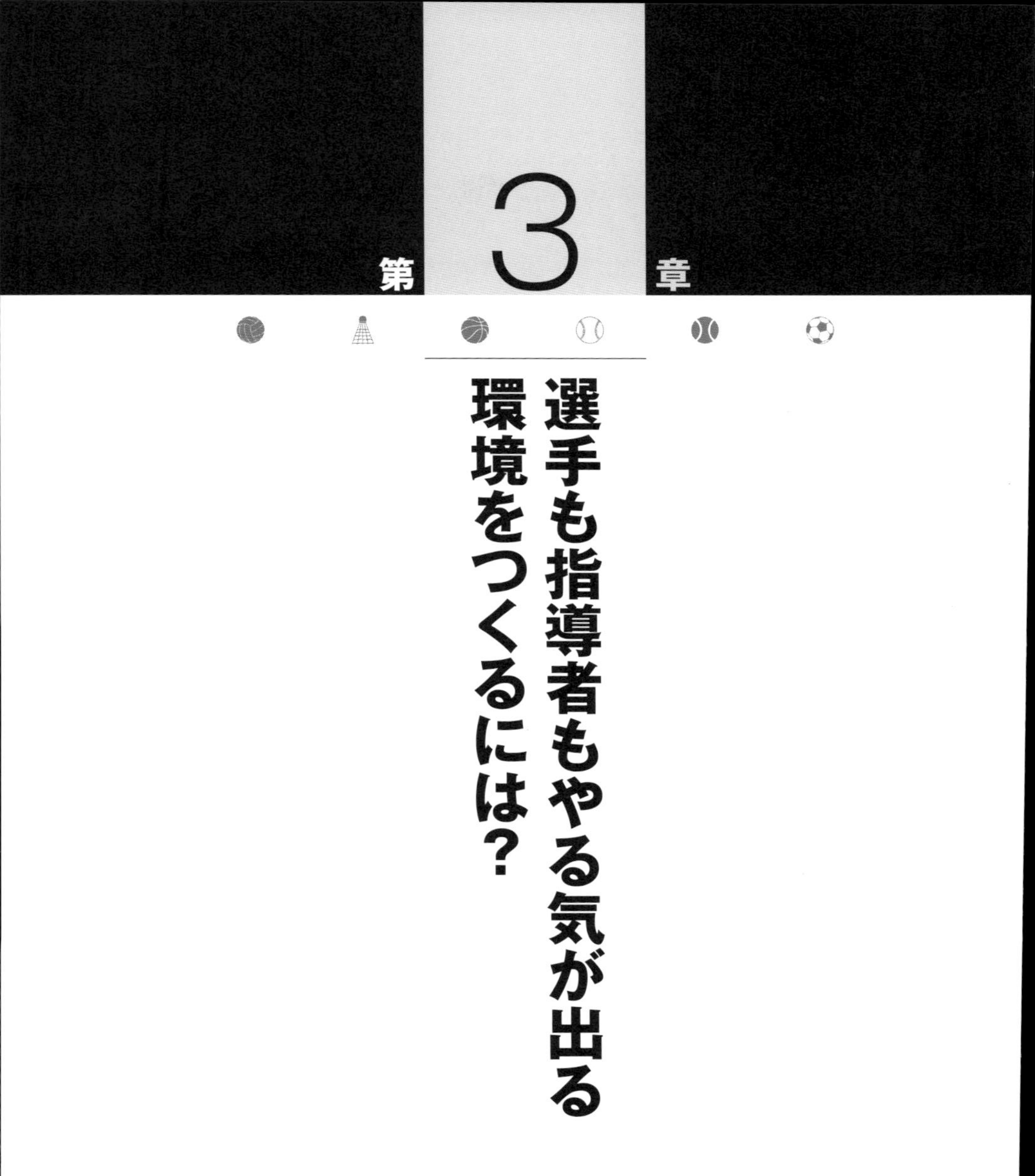

第3章

選手も指導者もやる気が出る環境をつくるには?

嫌なことがあるとすぐに退部したがる選手が増えて困っているのだが……

こんな状況

最近の選手はこらえ性がなく、自分の気に入らないことがあるとすぐに退部を口にするが、その効果的な対処法を知っておきたい……

選手が退部を希望したなら まずはその理由を把握する

中高校生という多感な年ごろは、ちょっと壁にぶつかっただけですぐに挫折してしまうことがあります。

たとえば、「指導者に叱られた」「練習がきつい」「少しも技術が上達しない」「チームメイトとケンカした」といったことで嫌気がさすと、すぐに部活動を辞めたいと思ってしまうようです。

こうした傾向に、「最近の若者はなっていない」と一刀両断するのは簡単です。しかし、歴史を振り返ってみると、いつの時代の大人たちも、「最近の若者は～」と嘆いているのが見てとれます。

となると、子供たちへダメ出しする大人たちにも問題があるように思えますし、そもそも指導者が選手を切り捨てるようではお話になりません。

ここで大事なのが、選手が部活動を辞めたいと言い出した理由をできるだけ正確に把握することです。その理由には、大人からみれば取るに足りないと思われるものもあるでしょうが、なかには選手自身では処理しきれない問題を抱えていることもあります。

ですから、指導者は選手が辞めたいと口にしたとき、頭ごなしに叱ったり、一方的に励まして退部を思い留まらせるのではなく、まずは選手の本音を探るところから始めるようにしましょう。

指導者は選手の悩みを受け止め
その悩みを選手とともに解決する

選手が退部したくなる理由は、それこそピンからキリまでさまざまでしょう。なかでもとくに注意したいのが、ケガや体調不良を隠して無理して練習に参加していたり、チームメイトから陰湿ないじめを受けて精神的に追い込まれているなど、深刻な状況に陥っている場合です。

一昔前なら、選手が弱音を吐いても「嫌なことがあっても我慢しろ」と突き放せば済んだのかもしれませんが、いまの時代は、指導者は選手の悩みを受け止め、そして、その悩みを選手と一緒になって解決してあげる必要があります。

しかし、指導者が練習中に選手に声をかけても、一方通行になりがちですし、また、その場では時間的な余裕もないため、なかなか選手の本音を聞き出すことは困難です。

そこでおすすめなのが個別面談です。指導者と一対一で向き合うことで、選手が自分の抱えている問題を吐露しやすくなるはずです。

こうした機会を設けることによって、指導者は選手の置かれている状況を把握し、適切な処置を施すことができますし、選手のほうは、悩みを吐き出したことがストレス発散にもなり、「辞めたい」と思い詰めることを防ぐことにつながります。

必要不可欠な存在であることを選手に認識させるようにする

選手の退部を防ぐためには、指導者が選手とともに問題を解決していくほかに、その選手が「チームにとって欠かせない存在である」と伝えることが大切になります。

若者たちの間で、「回りの空気を読む」ことが重要視されるようになって久しいですが、いまどきの選手は、「自分が必要な存在かどうか」を敏感に嗅ぎ取る習性を持っています。

ですから、指導者は選手たちをつぶさに観察して、それぞれの長所を把握したなら、事あるごとにその長所を選手に指摘するようにしてください。

たとえば、ある選手がプレーヤーとしては実力不足だったとしてもあきらめずに一生懸命に練習に取り組んでいるなら、その姿勢を評価してあげたり、試合に出られなくても大声でチームメイトを鼓舞している選手がいたなら、その点をほめてあげるのです。

人は誰かの役に立っているという自負さえあれば、簡単に辞めたいなどとは言わないものです。

ちょっと壁にぶつかると、すぐ「できない」とあきらめる選手が増えている……

こんな状況

少しでも困難を感じると、挑戦することなくすぐにギブアップする選手がいる。こうしたあきらめグセのある選手をその気にさせたいのだが……

選手が「できない」と口にしたらすぐにハードルを下げてみる

スポーツの技術を磨く練習をしていると、誰しもその過程で壁にぶつかることがあります。プレーヤーとして一段レベルアップするには、ここであきらめないことが肝心です。

ところが、最近の中高校生のなかには、眼前にちょっとした壁が現れただけで、すぐに「できません」と弱音を吐く選手がいるようです。

こんなとき一昔前の指導法では、「根性で克服しろ」とか「気合いで乗り越えろ」と精神論をかざすだけでしたが、いまではこんな方法は通じません。

選手が困難に直面して不安を口にする理由の一つに、「指導者が求めるものに100パーセント応える自信がない」といったことが考えられます。

こうしたケースでは、指導者は「さっきの件、お前なら半分はできるよな」と、ハードルを下げてあげるといいでしょう。

通常の概念なら、「できる」とは100パーセント達成することですが、発想を転換して「できる」という評価に幅を持たせるわけです。つまり、いきなりではなく少しずつ「できる」ようになればOKと伝えるのです。

こうすると、「できなかったこと」を数えるという発想法ではなく、「できたこと」を数えるという発想法となり、選手のやる気を引き出すことができるのです。

選手に「できない」ではなく、「できる」と思わせるようにする

　指導者のなかには、選手を一刻も早く成長させるために、次々と高度な課題を与えるタイプがいます。しかし、指導者の腕の見せどころは、選手にむずかしい課題を課して「できない」と思わせるのではなく、むずかしい課題であっても「できそうだ」とその気にさせるところにあります。

　そのためには、選手に与える課題を低いものから少しずつ高くしていくのが効果的です。選手は低いハードルをいくつかクリアしていくうちに、心身ともに勢いが出てくるようになり、高レベルの課題であっても、「やってやるぞ！」とポジティブな姿勢で向かっていくことができるのです。

　また、指導者がいくら水を向けても一向にその気にならない選手には、なぜ「できない」と思うのかを聞いてみるといいでしょう。じつは、選手ができないと思っている理由は、ハッキリしないことが多いのです。

　そこで選手が、「考えたことがない」と答えたなら、「じゃあ、いまから一緒に考えてみよう」と提案しましょう。すると、選手は自分自身について一歩踏み込んで考えるようになるはずです。

　同様に、「ボクには才能がなく、実際に下手くそだから」と答えた場合は、「一生懸命やれば人は急成長することができる。まずはチャレンジするところから始めよう」と選手の背中を押してあげればいいわけです。

打開策はこれだ！

「できない」と思うことをグループ行動で乗り越える

江戸時代には、領主からの命令で、主に農民や町人たちを対象に「五人組」が組織され、連帯責任や相互監察などが課せられました。

この試みの歴史的評価はさておき、個人ではなくグループ行動にすることで、「みんなに迷惑をかけられない」とか「あいつは大丈夫かな？」といった意識が芽生えてきます。

そこでこの心理を利用して、すぐに弱音を吐いてしまう選手を何人か集め、「できない」と思っていることにトライさせてはいかがでしょうか。

たとえば、走るのを苦手としている選手がいたら、「1日にダッシュを30本」とか「練習後に5キロ走」など、みんなで目標を立てて取り組むようにします。

似た状況にある選手がグループで行動していくと、「なんとかみんなで目標を達成したい」というモチベーションが生まれてきます。そして、もし目標を達成することができたなら、それが自信へとつながっていくのです。

こんなときどうする？ Situation 23

地味な練習や自分の嫌なことをやりたがらない選手が増えてきている……

こんな状況

技術習得に欠かせない基礎練習を嫌がったり、チームの雑用を避ける選手が目立ってきている。選手として成長するために改めさせたいのだが……

嫌なことを避けてばかりいると自分の可能性を捨てることになる

人間はなるべく楽をしたがる生き物だといわれていますが、この習性は、私たちの身の回りにあふれる文明の利器の存在が証明しているように思われます。

学校の教育現場においても、個人に課せられた宿題などに限らず、クラスで役割分担している掃除当番などをサボりたがる生徒が必ずいるものですが、こんな生徒たちをどう指導していくかは積年のテーマとなっています。

【シチュエーション⑰】で述べたとおり、最近の選手たちは練習するに当たって、それがどんな効果をもたらすのかを理解できないと、積極的に取り組まない傾向があります。

また、とかく単調でハードになりがちな基礎練習などの地道な練習も敬遠する傾向にあるようです。

ましてや、グラウンドや体育館の整備をはじめ、道具の手入れや洗濯といった雑用などは、一見したところスポーツ技能の習得に役立つようには思われないためか、最初からやる気をみせない選手も見受けられます。

なかには、こうした雑用が嫌で運動部を辞めてしまう選手もいるようですが、自分がどんな才能を秘めているのかを確かめることもなく、その芽を自分自身で摘んでしまうのは、本当にもったいないことだと思います。

練習や雑用をいとわずに、毎日続けることが糧となる

自分の嫌なことを避けたがる選手を改心させる特効薬はありませんので、まずは真正面から、地味で地道なことにも価値があるということを伝えるようにしましょう。

試合形式による派手な練習や自分の得意とする練習なら、確かに楽しんで取り組めるでしょう。しかし、好きなことだけをやっていたのでは目立った成長は期待できません。

優れたプレーヤーとなるには、好き嫌いを言わずに練習に黙々と取り組み、チームのためになる雑用も率先してこなすなど、地味で地道な努力が求められます。

このような不断の努力こそが、プレーヤーとしての土台を築くことになり、延(ひ)いては人間的な土台をも形づくることになるのです。

テニスの錦織圭選手は、マイケル・チャンをコーチに招聘(しょうへい)したのをきっかけに飛躍しましたが、就任当初のチャンコーチの指導は、徹底的に基礎練習を反復させるものだったといいます。その光景は、まさに高校の部活動を彷彿させるもので、世界ランキングで最高４位となり、グランドスラム大会での優勝も夢ではなくなった錦織選手でさえ、基礎練習をおろそかにしていないという事実を、ぜひ選手たちに紹介してもらいたいものです。

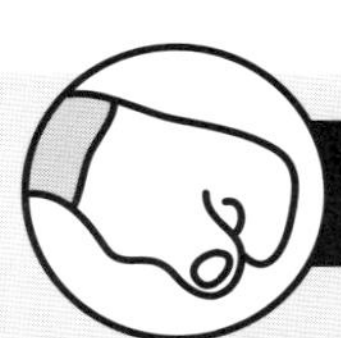

打開策はこれだ！

「ガス抜き」させることで選手の気分刷新を図る

【シチュエーション⑩】では、正論を言い続けると「人を追い詰めることがある」と述べましたが、ここでは、嫌なことをやりたがらない選手を諭すときに、追い詰めることなくその気にさせる方法を紹介することにします。

その方法とは、選手たちに「雑用をやりたくないと思ってもいいし、練習に行きたくないと思ってもいい」という逃げ道を用意してあげることです。ただし、こう思っていいのは、「部活動を行っていないときに限る」と、条件をつけるようにします。

人はいつでもやる気満々で、好奇心に満ちあふれているばかりではありません。ときに落ち込んだり、やる気をなくしたりするものです。

そこで、指導者があえて選手に「嫌なものは嫌」と認めさせることで、選手の強迫観念を取り除いてあげるのです。すると、選手には精神的余裕が生まれるようになり、気持ちをリセットして新たな気持ちで練習に臨むことができるようになります。

こんなときどうする？　Situation 24

負けたショックを引きずるのではなく、そこから何かを学んでほしい……

こんな状況

試合に負けると落ち込んでしまう選手がいるが、敗戦から何かを学ぶ姿勢が見受けられない。選手に手を差し伸べる効果的な方法を知りたい……

選手が負けを引きずるだけでなく それに拍車をかける指導者がいる

スポーツ競技の目的は勝つことにありますから、負けて悔しく思うのは当然のことです。むしろ、負けても悔しがらないような選手がいたなら、そのほうが問題だといえるでしょう。

とはいえ、必要以上に負けを引きずって落ち込んでしまうのも考えものです。なぜなら、モチベーションが下がったままだと練習にも身が入りませんし、最悪の場合、スランプに陥ってしまうことがあるからです。

こんな選手は、「悔しい」とか「情けない」といった負の感情が前面に出すぎてしまうため、敗戦を客観的に受け止めることができません。これでは、負けたことから何かを学ぶのがむずかしくなってしまいます。

このように、試合に負けるたびに落ち込む選手が増えていくと、いわゆるチーム力があっという間に下がってしまいますが、こうした状況にさらに拍車をかける指導者を見かけることがあります。

このタイプの指導者は、試合後のミーティングでひたすら失敗した原因を追及する傾向にあります。「××だからダメなんだ」とマイナス点ばかりをあげつらって、プラス点には言及しません。

その結果、チームの雰囲気はどんどん悪くなり、ただでさえ落ち込んでいる選手たちは、立ち直るきっかけを失ってしまうのです。

ミーティングのやり方を変えれば選手の士気は向上する

落ち込んでいる選手を立ち直らせるのも指導者の重要な役割の一つです。ところが、日本のスポーツ界には、前述したように、ミーティングでチームをネガティブな雰囲気にさせてしまう指導者がまだまだ少なくありません。

選手たちに敗戦から何かを学ばせたいなら、指導者はアプローチの方法を変更する必要があります。たとえば、ミーティングを反省するところからスタートするのでなく、「○○がよかった」とプラスのことを積み上げていくようすれば、チームの雰囲気は格段に良くなっていきます。

人は反省することが多ければ多いほど暗い気分になりますが、日本の指導法は、残念ながらマイナスを数えていく減点法を採用することが多いようです。そこで提案したいのが、こうした発想を改めて、プラス面を積み上げていくという発想による指導法です。

当たり前のことですが、選手は欠点を指摘されるだけでは自信を持つことができません。ですから、指導者は長所を探すことを選手に教えてあげてください。

たとえば、試合後のミーティングでは、選手同士で良かったプレーを指摘し合うようにします。これを実践するだけで、選手たちはどんどんポジティブになっていき、モチベーションアップも期待できるようになるのです。

打開策はこれだ！

敗戦は成長のための機会と考えそこから学ぶことを習慣づける

勝敗を争うスポーツでは、負けることは確かにマイナスな出来事ですが、負けたからといってすべてがダメになるわけではありません。

なぜなら、負けた試合が学校生活の集大成となる最後の試合ではなく、たんなる途中経過にすぎないのであれば、負けたことによって成長できる余地が残されるからです。

「球聖」と称された往年の名ゴルファー、ボビー・ジョーンズが残した「私は、勝った試合から何も学び得たことはなかった」という含蓄のある言葉は、まさにこのことを言い表しているといえるでしょう。

この言葉どおり、得てして人は勝利したときはその美酒に酔うばかりで、試合での出来事を冷静に分析したり反省したりはしないものです。

しかし、反対に負けたときは、自分の悪かった点を素直に反省し、その欠点を補うために今後どのような練習に取り組むべきか、といったことを考える絶好の機会となるのです。

こんなときどうする？ Situation 25

入部したころの情熱が薄れて、夢や希望を持てない選手がいる……

こんな状況

スポーツを続けていくうちに挫折を経験し、向上心をなくしてしまった選手が増えている。やる気を取り戻して一心不乱に打ち込んでもらいたいのだが……

スポーツは惰性で行うのではなく楽しむために取り組むものである

中学や高校に入って大好きなスポーツを始めたにもかかわらず、当初の情熱を失ってしまう選手がいます。

こんな選手の様子を観察していると、嬉々としてスポーツに取り組んでいるようには見えず、ただ指導者から言われたことを事務的にこなしているように映ります。

プロスポーツ選手が「子供のころのように純粋な気持ちで打ち込めなくなった」と、スポーツを職業としてしまった苦労を語ることがありますが、中高校生のレベルでは楽しみながら取り組んでもらいたいものです。

もともと好きだったスポーツへの熱が冷めてしまう理由は、選手によってさまざまでしょうが、自分の実力のなさを実感してしまうのもその一つ。自分がイメージしていたよりも上達できないと、「こんなもんでいいや」とあきらめてしまうわけです。

指導者のほうも、選手にスポーツを「楽しませよう」と考えるタイプはまだまだ少ないと思われます。日本のスポーツ界の伝統として、なんでも「○○道」と称して、その道を究めさせる慣習が色濃く残っているようです。

このような「厳しさ」を標榜した結果、選手を突き放し、追い詰めてしまうことになるのです。

実現可能な目標設定をすることでモチベーションアップを図る

スポーツに対する情熱を失ってしまった選手は、当然のことながら、自分の目標も見失ってしまいます。じつは、スポーツでは目標設定することはとても大切で、進むべき道が明確になれば自ずとモチベーションも高まり、厳しい練習にも打ち込むことができるのです。

ところが、この目標設定は一歩間違えば、「絵に描いた餅」にすぎなくなる場合があるので注意が必要です。たとえば、多くの企業が「売上目標○○億円！」などといったスローガンを掲げますが、金額を唱えるだけで目標が達成できれば苦労はありません。

これと同じように、中学・高校のほとんどの運動部では、高校野球の甲子園大会のように、全国規模のメジャーな競技大会への出場を目指すようですが、もし、明らかに実力が備わっていないなら、実現不可能なものを目標としても意味がありません。

私は甲子園大会への出場を口にする高校球児に、その可能性を聞いてみることが多いのですが、多くの場合「とうてい無理だと思います」という答えが返ってきます。

ですから、目標設定するなら、その選手やチームの実力に見合った、達成可能な現実味のあるものにするよう配慮したいものです。

打開策はこれだ！

言葉と映像によって夢の実現をイメージさせる

選手に夢や希望を持たせるためには、目標を達成するまでの道筋を説明するとともに、達成したときにどうなるかをイメージさせてあげるといいでしょう。

指導者がこうした説明をする場合は、たとえば、野球なら「こんな打球が飛べば楽しいだろう」「あんな変化球が打てれば最高だろう」と選手の興味をそそるように話しかけ、そのやる気を引き出してください。指導者は、夢を達成したあとの舞台を実感できるように語るストーリーテラーである必要があるのです。

加えて、指導者は選手の将来あるべき姿を、言葉やボディーランゲージで伝えるだけでなく、映像によって刷り込むのも効果的です。

高校野球なら、前述した甲子園大会の映像をチーム全員で観るように習慣づけるといいでしょう。この場合、チームの実力は度外視して、あくまで「夢の舞台」に立ったらどうなるか、ということをイメージさせるのです。人はワクワクすることで、前向きに取り組めるようになるのです。

疲労蓄積や練習のマンネリ化のため、チームに覇気が感じられない……

こんな状況

過酷な練習によって疲労がたまり、代わり映えしない練習に飽きてしまったためか、元気がなくなっているチームを活性化したいのだが……

ハードな練習で疲れが見えたら選手たちの気分転換を図る

チームに覇気が感じられない場合、「試合で負けが込んでいる」「選手が疲れている」「練習がマンネリ化している」といった理由が考えられます。

負け試合が続いているときは、ひとたび勝利をつかみさえすれば、それをきっかけにチームの雰囲気が一変することがあるでしょう。

ところが、選手たちが疲労していたり、練習に新鮮味を感じられなくなっている場合は、それなりの対処が必要となります。

疲れをとるには休養するのがベストですが、指導者が選手たちの体力増強のため、計画的に厳しい負荷を課しているなら、特別な事情がある場合を除いて、安易に休むことは許されません。

とはいえ、ハードな練習を続けていくと肉体的な疲労が蓄積されるだけでなく、精神的な疲労も加わってきます。さらに、同じような練習を繰り返してばかりいると、心身の疲れは加速度的に増加していき、選手のパフォーマンスは低下する一方となります。

このとき「死ぬ気でがんばれ」と叱咤激励したり、反対に「これが終わったら休めるぞ」といった気休めの言葉をかけてもあまり効果は上がりません。

こんなときは選手たちの気分転換を図り、練習に変化をつけて刺激を与えてあげるのが一番です。

タイム計測やゲーム的要素のある変化に富んだ練習を演出する

選手の気分転換を図るには、ふだんの練習の流れを変更するといいでしょう。たとえば、毎日「同じ順番」「同じ時間」「同じ場所」で行っている練習の、順番や時間の長さを変えたり、ときには場所を移すだけで、選手にとっては大いに刺激になるものです。

また、チームをグループ分けしてタイムを競わせたり、ゲーム的要素を取り入れた練習も効果的です。

プロ野球のキャンプでよく見かけるのが、選手たちが野手組と投手組に分かれ、ダッシュやランニングのタイムを競いながら練習している風景です。走力をつける練習はつらくて単調になりがちですが、競争することで盛り上がりを見せ、ゴール地点でときに選手たちは笑顔を浮かべるなど、練習を楽しんでいる様子が見受けられます。

このほか、ゲーム的要素を取り入れた練習なら、バスケットボールのコートで鬼ごっこするのをはじめ、バレーボールでアンダーハンドパスを二人で行いながらバスケットゴールにシュートしたりするのも面白いでしょう。

さらに、サッカーのゴールキーパーが野球のノックを受けたり、その反対に、野手がゴールキーパーをやってみるのも、気分転換だけでなく反射神経を鍛える練習になりますので、いろいろと工夫してみてください。

自主練習や技術以外の練習を採用し、チームを活性化する

チームスポーツの場合、その性質上どうしても合同練習の比重が大きくなります。すると、指導者が考えた練習メニューをこなすことが多くなり、いつのまにか「練習させられている」という意識に傾いてしまいます。

こんなとき効果的に機能するのが自主練習です。この練習法なら、選手は指導者からの管理を離れ、自分の頭で考えた練習に打ち込めるため、新鮮な気持ちを取り戻すことができるわけです。

このほか、技術練習以外の練習を取り入れるのもチームの活性化に役立ちます。

たとえば、本書で先に触れた「マイナス発言探し【シチュエーション⑬】」や、賛成側と反対側に分かれて行う「ディベート【シチュエーション❼】」などがありますが、拙著『チーム力を高める36の練習法』（小社刊）には、バリエーションに富んだ練習法を紹介してありますので、ぜひ参考にしてみてください（コラム1〜3参照）。

こんなときどうする？ Situation 27

選手間にまとまりがないので、なんとかしてチームとして結束したい……

こんな状況

そこそこ力のある選手がそろっていると思うのだが、なぜかバラバラで、チームの力として収斂（しゅうれん）されてこないのだが……

チーム力を発揮するために個々の選手たちが役割を果たす

これまで本書でも何度か触れてきましたが、チームスポーツの魅力は、個性豊かな選手同士がかみ合うことで化学反応を起こし、予想もしなかった力を発揮するところにあります。

ここでポイントとなるのが、チームには特徴の異なった選手が必要になるということ。同じようなタイプの選手ばかりでは相乗効果は生まれにくくなります。

事実、最近のプロ野球を見ていると、ＦＡなどで４番クラスのバッターを多く獲得したとしても、それが必ずしもチーム力向上につながっていないように見受けられます。

とはいえ、個性あふれる選手がそろったからといって、それぞれが好き勝手に行動したのではチームはバラバラになってしまい、チーム力が発揮されることはありません。

時計が正確な時を刻むことができるのは、個々の部品がそれぞれの役割をきちんと果たしているからで、選手一人ひとりがチームのために機能しなければなりません。

プロの世界はともかく、学校スポーツの現場において、選手たちはチーム内での自分の役割をきちんと理解できているのでしょうか。

チームの「勝ち方」が定まれば選手たちの役割も明確になる

選手が自分の役割を理解するには、チームがどんな方向を目指しているのかを知る必要があります。

そのためには、指導者はしっかりとしたチームづくりの方針を確立し、それを選手たちに伝えなければなりません。「チームづくりの方針」というと、ちょっと大上段に構えた感がありますが、じつは、そんなに複雑なものではありません。

なぜなら、どんなスポーツでも目的は「勝つ」ことにあるので、チームづくりの方針を定めるには、チームがどのような方法で勝利をあげるかに絞って考えればいいからです。

選手が、チームの「勝ち方」を理解できれば自分の役割も明確となり、その役割を果たすために、自分が何をしなければならないかも自ずと理解できるようになるものです。

輝かしい実績からラグビー界のレジェンドと称され、日本代表監督も務めた故・平尾誠二さんは、「One for All, All for One」という有名なスローガンを「一人はみんなのために、みんなは勝利のために」と訳しましたが、この言葉どおり、選手一人ひとりがチームのために発揮する力が結集できたときこそ、勝利をつかみ取ることができるのです。

打開策はこれだ！

プロスポーツの世界では高い個の力が求められる

ここまで、チーム力を発揮するには、個々の選手が自分の役割を理解してプレーすることが大切だと説いてきましたが、最後にプロの選手たちが目指しているところを紹介することにします。

たとえば、サッカー日本代表の本田圭佑選手は、「どうやって自立した選手になって『個』を高められるか。自分が前に出るという強い気持ちを持って集まっているのが代表選手だ」と語っています。

また、近鉄バファローズやオリックスブルーウェーブのコーチ・監督を歴任し、大リーガーの野茂英雄さんやイチロー選手などを育てた、故・仰木彬(おおぎあきら)さんは、「チームプレーなんて考えなくていい。自分のために一生懸命プレーすればいい。結局それがチームのためになるんだから」という言葉を残しています。

このように、プロのレベルでは、非常に高い個人の力が求められています。個人の力を発揮することが、最終的にはチームを強くすることにつながるということを、参考までに選手に伝えてあげるといいでしょう。

こんなときどうする？ Situation 28

レギュラー組と控え組とのモチベーションの違いを解消したいのだが……

こんな状況

チームをレギュラー組と控え組に分けたところ、控え組がやる気を失ってしまった。なんとか気分転換を図り、モチベーションをアップさせたい……

レギュラー組と控え組に分けたときに生じる問題点は何か

中学・高校におけるチームスポーツで、チームをレギュラー組と控え組に分けるかどうかは、運動部の規模や実力、そして指導者の方針などによってさまざまなケースが考えられます。

どちらが正しいとは一概にはいえませんので、ここでは分けた場合のチーム運営について考察してみることにします。

そもそも中高校生が学校の運動部に入るのは、そのスポーツが好きだからにほかなりません。そして当然のことながら、誰しもレギュラーの座をつかんで試合に出場し、チームの勝利に貢献したいと思っています。

ですから、控え組となった選手たちが受けるショックの大きさは想像するに難くありません。とくに残り時間に限りのある3年生にとって、レギュラー落選は身にこたえる出来事といえるでしょう。

とはいえ、レギュラー組と控え組の力が拮抗している場合は、チームは活気づいてきます。なぜなら、レギュラー組は自分のポジションを守るため、控え組はその座を奪おうとすることで、いい意味で競争原理が働くようになるからです。

その反対に、両者の実力に開きがある場合は、控え組がやる気をなくしてあきらめムードが漂い、チーム全体に悪影響を及ぼすことになります。

できるようなったことを評価し選手のモチベーションを高める

レギュラー組に選出されなかったとしても、当落線上にいる選手ならモチベーションを保つことができますが、問題となるのは、明らかに実力の劣っている控え組の選手たちへの対処法です。

こうした選手に対しては、まず指導者は、他人と比較するのを止めさせるようにします。なぜなら、他人と比べてしまうと自分の足りない点が目についてしまい、ともすればやる気を失ってしまうからです。

そこで、選手の視線を他人ではなく自分に向けさせるようにします。たとえば、それまでできなかったことができるようになったなら、それを自己評価するように仕向けてあげるのです。

そして、できることが一つずつ増えていけば、レギュラーになれる可能性があることを伝え、選手のモチベーションを高めていきます。

また、ふだんやり取りしている練習ノートを活用し、「練習通信簿」をつけるのもいいでしょう。このとき重要なのが、「相対評価」ではなく「絶対評価」で採点することです。

選手自身は自分の実力を客観的に判断できないため、指導者が選手のレベルに合わせた評価をし、上達した分の点数が上がっていくことが、確実にその選手の励みとなるはずです。

打開策はこれだ！

スポーツに打ち込んだ3年間が社会へ出てから役に立つ

以前、テレビのニュース番組で、ある高校の野球部を取り上げていたのを偶然目にしました。

その内容は、夏の甲子園大会の予選出場メンバーに選ばれなかった3年生選手にスポットを当て、それぞれが残りひと夏となった部活動をどのように過ごすかを宣言させるものでした。

監督やチームメイトに見守られながら、ある選手はグラウンド整備や球拾いなどの裏方に回ってチームの勝利に貢献すると発言し、またある選手はマネージャーへの転向を表明していましたが、ほとんどの選手が涙を流していました。

監督は選手たちの宣言を聞いて、「レギュラー選手になるだけがスポーツの目的ではない。ここで3年間がんばったことは、必ず社会に出てから役に立つ」といった内容の言葉をかけていました。

この言葉どおり、スポーツは勝ち負けを度外視したところにも価値があるということを、ぜひ選手たちに伝えてもらいたいものです。

こんなときどうする？ Situation 29

練習において質と量を両立させるための効果的な方法を知りたい……

こんな状況

選手たちに質の高い練習をできるだけ多くさせたいのだが、そのバランスを取るのに苦労している。いい方法があれば、ぜひ参考にしたいのだが……

練習における質と量の関係を真剣に見直す時期にきている

日本と海外のスポーツ指導者を比べると、どちらかというと日本の指導者のほうが練習をやらせたがる傾向にあると思われます。

日本の指導者には、個人練習よりも合同練習を好み、チーム全員で長時間練習することが美徳であるかのような慣習がいまだに残っているようです。

ここで問題となってくるのが、練習において質と量のどちらを重視するかということ。この両者はもともと相反するものなので両立するのがむずかしいといえるでしょう。

たとえば、ある一点にポイントを絞って質を追い求めすぎると、バランスよく技術全般をマスターするための時間が足りなくなってしまいます。

その一方で、【シチュエーション㉖】でも触れましたが、練習がオーバーワークになると選手のパフォーマンスが下がっていくので、必然的に練習の質も低下してしまいます。また、練習量が多くなると、一つのことだけでなく複数のことをこなす必要があるため、その分選手の力も分散されることになるのです。

冒頭で述べたように、練習過多に陥りやすい日本のスポーツ界は、そろそろ練習における「質と量」の関係を、真剣に見直す時期がきているように思えます。

量を課すときは好きな練習を、質を求めるなら苦手な練習をさせる

練習の質と量を両立させるのがむずかしいとわかっていても、質の高い練習を数多くやらせたいというのが指導者の本音でしょう。なぜなら、それが選手にとって一番身につく練習法だと信じているからです。

では、質と量を両立させるには、どうすればいいでしょうか。考えられる方法の一つが、質を高める練習と量をこなす練習を、意識的に分けて行うことです。

そのためには、指導者は練習計画を立案し、質を高める日と量をこなす日を、曜日によって決めていく必要があります。そして、練習前にはその日の目的をハッキリと選手たちに伝えるようにしましょう。

量を課した日は、選手がやりたがっている練習メニューを多く取り入れると、自然と練習量が増えることが期待できます。また、自分の得意なことだから、量をこなしても集中力が途切れる心配はありません。

反対に、自分の苦手なことを長時間行っていると集中力は弱まり、どんどんプレーが雑になっていきます。

そこで、質の向上を求める日は、選手が不得手とするプレーの習得に当てるようにします。うまくいかない点を意識しながら、丁寧に修正していくように指導してください。

打開策はこれだ!

練習時間の短縮化を通して練習の「質と量」を考察する

適切な練習が行われていないとき、「練習のための練習になっている」という言葉をよく耳にします。つまり、「練習したという事実にのみ満足する練習になっている」という指摘だと思われます。

事実、選手のなかには、長い間指導者から長時間練習を強いられてきたため、「体が疲れるまで練習しないと、練習した気にならない」という者もいます。

ところが、ここ最近の中学・高校の学校スポーツの現場では、勉強時間の確保などが求められるようになり、1週間のうちの練習日数や、1日の練習時間を制限する学校が増えてきているようです。

そこで、こうした制限に対応するために、ぜひ「練習時間の短縮」に挑んでみてください。そして、この取り組みは、必ず選手を巻き込むようにしてください。

なぜなら、必要とする練習とそうでない練習を取捨選択する作業は、まさに練習の「質と量」を考察することにほかならず、選手が自分にとって必要な練習を知る機会となるからです。

こんなときどうする？

Situation 30

選手を指導するとき、自分の引き出しの少なさを感じてしまうのだが……

こんな状況

選手たちに効率よく力をつけさせたいと思っているが、自分のキャパシティーの少なさを実感し、選手への指導の仕方に悩むことがある……

選手をより良く成長させるには指導者の力量が求められる

人は取るに足りないことであれ、何かを達成したときには喜びを感じるものです。たとえば、趣味で釣りを始めたら、たとえ1匹でも釣れれば嬉しいものですが、反対に釣れなければすぐに興味を失ってしまう人もいます。

同様にスポーツにおいても、自分が成長していると実感できればモチベーションは高まりますが、思うように実力が身につかないとやる気を保つのがむずかしくなります。

【シチュエーション㉘】では、力不足の選手への対処法を紹介しましたが、指導者が選手を指導する際には、さまざまな引き出しを持っているのに越したことはありません。

なぜなら、ちょっと極端な例になりますが、ある事柄について100の知識を持っている指導者と10の知識しかない指導者を比べれば、当然前者のほうが選手を成長させるポテンシャルを有しているといえるからです。

指導者が100の選択肢を持っているなら、そのなかから選手に好きな方法を選ばせることもできますし、選手に適しているものを自分で選んで指導に当たることもできるのです。

ですから、指導者は選手を成長させる幅を持つために絶えず指導方法を学び続け、自分自身も成長する必要があるのです。

プロの指導者を参考にするなど自分なりの学習方法を身につける

一口に指導者が「指導方法」を学ぶといっても、じつはなかなかむずかしいものがあります。

なぜなら、指導方法に悩みを抱えている指導者が、相談できる存在を簡単に見つけることができないからです。

こんなときは、プロスポーツの世界へ目を向け、メジャースポーツの監督やコーチたちの指導方法を見比べてみることをおすすめします。

なかでも欧州サッカーのトップチームを預かる監督たちの面々を見ると、威厳があったり、エネルギッシュだったり、知的だったり、スタイリッシュだったりと、個性は異なってもそれぞれ独特なオーラが放たれており、どの人物も魅力あふれる存在です。

トップチームの指導者になるために必要となる最難関のライセンスを取得してきた彼らの知識は一級品ですから、その戦略や戦術の立て方、最新の技術論などは、プロとアマの違いはあっても必ず参考になるはずです。

加えて、彼らは選手を束ねる掌握術にも長けていますので、どんな手法で選手たちをその気にさせているのかにも、ぜひ注目してみてください。

そのほか、書籍や雑誌をはじめインターネットなどから「指導」に関する情報を収集し、自分なりの「学習方法」を身につけるようにしましょう。

打開策はこれだ!

指導の一部を選手に任せれば選手と指導者のやる気が出る

ここまで、指導方法の重要性とその学び方について述べてきましたが、最後にちょっと型破りな方法を紹介することにします。

それは、選手を指導する際に自分一人で全部をやろうとせずに、ある部分は思い切って他人に任せてしまうというものです。

たとえば、キャプテンにチーム運営の一部を担当させてもいいし、選手たちに「練習メニュー」を考えさせるのも面白いでしょう。

さらに、選手のなかに表現能力に秀でた者がいたなら、自分の伝えたいことを代わりにその選手に「説明」させればいいわけです。

このように、指導者が自分の仕事の一部を選手に任せれば、チームの状態を客観視する余裕が生まれ、有効な手立てを発想できるようになります。

そして何より、選手たちをチーム運営に参加させることで自主性が育ち、まさに選手も指導者も「やる気が出る環境」が出現することになるのです。

チーム力を高める練習メニュー・その3

チームプレーのMVP

●メニューのねらい

数字には現れにくい「チームに貢献するプレー」を意識する

●メニューの設定

◎人数：全員　◎場所：ビデオを再生できる部屋　◎時間の目安：適宜
◎道具：ビデオデッキ、ビデオ

●メニューの目的

試合には流れがあり、その流れは一つひとつのプレーによってつくられています。隠れたファインプレーを評価することでチームに貢献することの意義を知り、そのようなプレーの連続性が試合を決めることにつながるという意識を持つことは非常に大切です。このメニューでそれを促します。

●メニューの手順

①自チームが勝った試合のビデオを用意します。
②自分たちが相手チームになったつもりで（相手の目線で）、試合展開を追っていきます（イラスト1）。
③チームに貢献していると思われるプレー・動作があったらビデオを止め（イラスト2）、なぜそれが「貢献度大」であるかを話し合います（イラスト3）。
④見終わったら「チームプレーのMVP」を決定します（イラスト4）。

→詳しくは『チーム力を高める36の練習法』（高畑好秀著・小社刊）参照

■著者プロフィール

高畑好秀（たかはたよしひで）
1968年、広島県生まれ。早稲田大学人間科学部スポーツ科学科スポーツ心理学専攻卒。日本心理学会認定心理士。同大学運動心理学研究生修了の後、数多くのプロ野球、Jリーグ、Vリーグ、プロボクシング、プロゴルファーなどのスポーツ選手やオリンピック選手などのメンタルトレーニングの指導を行う。現在、千葉ロッテマリーンズ、日立製作所野球部のメンタルコーチ。日本コンディショニング＆アスレチック協会公認スポーツ心理学講師、NPO法人コーチズのスポーツ医科学チームリーダー、スポーツ総合サイトチームMAPSのスポーツ医科学チームリーダーを務める。スポーツメンタル、ビジネスメンタルに関する著書多数。また、テレビやラジオ、さまざまな雑誌、講演（企業、オリンピック協会、各種の競技連盟、高校野球連盟、各県の体育協会など）を通してメンタルトレーニングの普及に努めている。

◉制作スタッフ

◎企画・編集　美研クリエイティブセンター（Bcc）
◎編集協力　小口透
◎カバー・本文デザイン　里村万寿夫
◎カバー・本文イラスト　糸永浩之

コーチング　こんなときどうする？
検印省略　

2017年11月25日　初版第１刷発行

著　者　高畑好秀
発行人　橋本雄一
発行所　株式会社体育とスポーツ出版社
〒101-0054　東京都千代田区神田錦町1-13宝栄錦町ビル3F
ＴＥＬ　03-3291-0911（代表）
ＦＡＸ　03-3293-7750
http://www.taiiku-sports.co.jp
印刷所　美研プリンティング株式会社

乱丁・落丁はお取り替えいたします。
定価はカバーに表示してあります。
ISBN978-4-88458-354-5　C3075
Printed in Japan